문학과지성 시인선 180

그들이
지구를
지배했을 때

이원 시집

문학과지성사에서 펴낸 이원의 시집

야후!의 강물에 천 개의 달이 뜬다(2001)
세상에서 가장 가벼운 오토바이(2007)
불가능한 종이의 역사(2012)
사랑은 탄생하라(2017)

문학과지성 시인선 180
그들이 지구를 지배했을 때

초판 1쇄 발행 1996년 5월 20일
초판 5쇄 발행 2025년 9월 26일

지 은 이 이원
펴 낸 이 이광호
펴 낸 곳 ㈜문학과지성사
등록번호 제1993-000098호
주　　소 04034 서울 마포구 잔다리로7길 18(서교동 377-20)
전　　화 02)338-7224
팩　　스 02)323-4180(편집) 02)338-7221(영업)
전자우편 moonji@moonji.com
홈페이지 www.moonji.com

ⓒ 이원, 1996. Printed in Seoul, Korea

ISBN 89-320-0808-6 02810

이 책의 판권은 지은이와 ㈜문학과지성사에 있습니다.
양측의 서면 동의 없는 무단 전재 및 복제를 금합니다.

문학과지성 시인선 180

그들이 지구를 지배했을 때

이 원

1996

自 序

흰 주차선들이 광장의 사방에 그려져 있다
몸 안을 텅 비운 저 주차선들
저 단호한 주차선들의 몸처럼, 나도,
텅 빈 이유가 필요했다

쓸 수 있을까가 아니라 쓸 수밖에 없는 것이다
이 막막한 첫 시집을, 스승께 바친다

1996년 5월
이 원

그들이 지구를 지배했을 때

차 례

▨ 自 序

I

PC/11
거리에서/12
길 또는 그물/13
엽 서/14
공기에게/17
밥그릇과 그림자 사이/18
발자국은 신발을 닮았다/20
밥솥과 조직/22
옷걸이와 남방셔츠/25
라면, 스프, 근성/26
시간과 비닐 봉지/28
김춘수 빵집 또는 김춘수 베이커리/29
드라마/32
그림자/34
책/35
95. 10. 4일의 스윙/36
거 울/38

II

사방의 평화/41

쇼윈도/42

만 종/44

냉장고 앞에서/45

재크의 콩나무/46

피크닉과 등로/48

새들은 하늘에서 날지 않는다/49

여자와 횡단보도/52

지금 어디 가?/54

넥타이에 끌려가는 사내/55

아무튼 계속 돌았다/56

알레그로/57

철, 컥, 철, 컥/58

냉 면/60

한 사람의 식탁/61

내 집처럼, 낯설게/62

이치와 사물에 걸림이 없다?/64

Ⅲ

너는 어디에서 왔으며, 무엇이며, 어디로 가는가/69

몸과 공기/70

태극기의 바람/71

철원, 노동당사, 새/72

좌향좌 우향우/74

흔 적/75

화창한 날의 동화/76

외부에서 내부로의 이동/77

풍경의 끝/78
            국경일/80
           모래 무덤/81
       각각 보도블록을 따라/82
       청량리 정신병원 근처/83
            환한 방/84
          당신의 소포/85
         옛집을 지나며/86
        달처럼, 달과 함께/88
           봄·편지/90

▨ 해설·다원주의의 그물·오규원/91

I

P C
── 서시

'너'가 있어 호흡했던 세월의 공기를 '너'에게 다시 보낸다 내려야 할 곳을 한참 지나와버린 곳까지 끌고 와 헉헉대며 이곳에서 보낸다 끝까지 가지 못한 길의 한 모퉁이에서 놓쳐버렸던 나의 발이여 한줌의 공기여 나는 그 순간의 '나'를 눌러 그 세월을 프린트하기 시작한다 간혹 빛바랬거나 지워진 곳들도 있다 호흡을 중단했던 곳에서는 잠깐 프린트가 중단되기도 한다 그러나 심장이 그곳들을 기억한다 잠시 그 세월의 심장 속에 '나'를 담근다 캄캄한 한가운데로 시간의 커서가 내려가고 있다 온몸이 차다 숨이 막힌다 닿아야 할 그곳에 닿기 전에 기어이 종료 키를 누른다 캄캄한 ·모니터 화면 속으로 수평선이 무너지고 있다 그 수평선 속의 공기인 매듭을 '너'에게 보낸다

거리에서

내 몸의 사방에 플러그가
빠져나와 있다
탯줄 같은 그 플러그들을 매단 채
문을 열고 밖으로 나온다
비린 공기가
플러그 끝에 주렁주렁 매달려 있다
곳곳에서 사람들이
몸 밖에 플러그를 덜렁거리며 걸어간다
세계와의 불화가 에너지인 사람들
사이로 공기를 덧입은 돌들이
둥둥 떠다닌다

길 또는 그물

길은 그물이다 몸을 가진 것들은 걸린다
걸려본 발이 길을 알리라 길 가운데 선
청동의 동상에도 그물의 그림자가 비친다
허리에 찬 위풍당당한 칼도 예외는 아니
다 공기가 포장지처럼 바스락거린다 길
밖의 키 작은 채송화는 다른 길을 만든다
간간히 꽃망울 잎망울까지도 물과 흙을
담은 길이다 길의 무너지는 무덤들이 꽃 속
으로 스며든다 이파리와 이파리 사이에서
조금씩 벌어지는 하늘이 새하얗게 카랜다
공기는 얼룩이 지고 있다 어김없이 하늘을
따라가는 길 가파른 매듭을 보여주고 매
듭은 깊은 골짜기를 몰고 온다 높은 곳의
웅덩이에서 몇 개의 자루를 지고 가는 구
름 구름 속으로 지상의 그물이 삭아내린다

엽 서

마악 너의 주소를 적어넣으려 하고
있어 오늘의 공기는 딱딱해
너의 이름과 주소를
적어넣을 때 창가의 수선화가
제 우주를 마악 열지도 몰라 그럼
열린 수선화 속에 너의
이름과 주소를 빠트릴 거야
너의 이름과 주소에서는
온통 수선화의 우주가 만져지겠지
공기도 리듬의 붕대를 풀 거야

엽서의 오른쪽 구석에서
목에 동그란 방울 두 개를 단
고양이가 마악 초록 눈을 뜨고 있어
오늘을 팽팽하게
감각하고 있는 눈이야 빛나는 털은
안테나처럼 사방을 잡아당기고
수염은 몸 밖 멀리 뻗고 있어
그 고양이의 초록 눈 아래
너의 이름을 적었어 날숨 속에서

너의 이름이 보드랍게 빛났어

너의 주소를 꿈틀꿈틀 이어 적고
여섯 개의 빈 사각에
고양이의 발자국 같은 우편번호를
적었어 사각이 출렁거려
셋째 칸의 숫자가 사각을
비집고 나가 이탈한 꼬리를 따라
사각 끝이 툭툭 터지고 있어
6개의 또 다른 빈 사각은
고양이와 마주보는 곳에 매달렸지
사각 안을 채우지는 않을 거야
내가 그곳에 있어
들고 있는 만년필에서 잉크가
뚝 열매처럼 떨어졌어

공기의 귀가 떨어져나가 사방에서
바람이 몰려들고 있어
문들이 덜컹거려 자꾸 잉크가 번져
너의 이름과 주소들이

우글거려 시간이 엉키고 공기가
버석거려 쪼개도 쪼개도 공기의 속은
말갛다고 숨이 막혀
너에게 새파란 그림자가
다가오고 있어 그러나 결코
그 무엇도 너를 관통할 수는 없어
쓰라린 흙처럼 내가 너를 덮어

공기에게

조금만 더 안으로 밀고
들어와줄 수는 없겠니
들어와 숨막히게 아니 몸막히게

밥그릇과 그림자 사이

시 간

펑, 아스팔트 위에서 타이어 터지는 소리가 들린다. 길은 한 순간에 구겨진다. 구겨진 길을 덮치는 새떼들. 새떼들이 펑 소리를 뒤덮어 숨막힐 때 내 식탁 귀퉁이에 놓여 있던 밥그릇의 한쪽이 들린다. 그림자는 여전히 구겨진 세계에 붙어 있다. 비어 있는 밥그릇, 물방울은 떨어지다 멈춰 있고 시간은 더 깊게 비어간다. 만져보면 차갑게 멈춰 있는 밥그릇과 그림자 사이, 점점 길 끝으로 가파르게 지워지는

부 채

빛이 늘어간다. 동쪽의 죄가 늘어간다. 해는 죄에서 떠오른다. 손이 온통 썰렁하다. 버리지 못한 편지 봉투가 책상 위에서 혼자 펄럭인다. 비가 샜던 벽에 유난히 얼룩이 진다. 이런 날은 짜장면을 시켜 먹는다. 전화벨이 짜장면 가락처럼 시커멓게 울린다. 나는 받지 않는다. 계속해서 전화벨이 쌓인다. 아버지의 상여를 뒤따를 때 날 두들기던 요령 소리. 동그란 핏줄이 칼처럼 날카롭다. 피는 부채 탕감이냐. 나는 피 냄새를 맡으며 뭉클하다

내 용

벽에 있던 거울을 떼서 TV 위에 올려놓는다. TV 위에 거울, 거울 옆에 달려 있는 달력, 달력 속의 폴 고갱의 그림. 거울 한쪽 구석에 붙어 있는 턱을 괴고 앉아 있는 꼬마 아이. 그 꼬마 아이를 떼내고, 5월에 머물러 있는 폴 고갱의 그림을 한 장 찢고 한쪽이 부러진 TV 실내 안테나의 다른 한쪽도 마저 꽝가뜨리는 것. 그것이 내가 오늘 중으로 해야 할 일이다.

집 안 곳곳에 올려져 있거나 쌓여져 있는 상자와 보따리들. 이고 강을 건너야 한다. 내용물은 솜이다

발자국은 신발을 닮았다

발을 넣으려는 순간 왈칵 어두운
현관의 두 짝 신발이 축축하게
제 몸을 다 벌리고 있다
허공에 있던 발을
내리고 주저앉으니
공기의 냄새가 비어 있다
신발 안을 들여다본다 꾹꾹
몸이 걸었으므로 길이 되어버린
마음이 우글우글하다
신발을 굽어보던 빈 몸이
뻣뻣해 벽에 몸을 기댄다
길이 되지 못한 벽이 움찔거려
기댄 벽이 무겁다 세계의
어디서나 출입구는
입과 항문처럼 뚫려 있다
두 발로 단단한 바닥을
딛으며 다시 일어선다
(새삼 발자국은 신발을 닮았다!)
신발 속으로 현실의 발을 집어넣는다
그 속은 아득하고 둥글다

한 발을 살짝 문밖으로 내민다
덥썩 세계의 입이 닫힌다

밥솥과 조직

뚜껑을 열기 위해서는 우선, 외부에 두드러지게 노출이 되고 있는 강조 인물과 결탁을 해야 합니다, 그래야만 비로소 문이 열리며 은밀한 안가로, 들어설 수 있습니다 비어 있는 검은 밥솥의, 안가에 미리 준비하고 있던 쌀 부대가 잽싸게, 자리를 차고 들어앉습니다 쌀 부대가 자꾸 들어설수록 현재의 수위를 알려주는 눈금도 하나씩, 하나씩, 가려집니다 쌀 부대는 가려지는 눈금만큼, 점점 당당해집니다 그 위로 물을, 붓습니다 들어가면서부터 물밑 지원 세력들은 잽싸게 자취를 감추고, 홍보용 선전 부대들만이, 눈금을 물먹이기 시작합니다 이것으로 준비 단계는 모두 끝났습니다, 이제는 완벽한 조직을 만들기 위한, 좀 더 거대한 힘이 필요합니다 그 힘과 연결할 수 있는 라인은 늘, 바닥에 감추어져 있습니다 자고로 수뇌부로, 통하는 다리 역할을 하는 것들은 언제나 자비로운 표정을 유지합니다 미리, 문을 열어놓고 있는 두 개의 구멍에 한치의 오차도 없이 플러그를 박습니다, 박자마자 교접의 빨간 신호가, 검은 밥솥의 한가운데에 선명하게 들어옵니다 접대용 미소가 눈부신, 빨간 불은 그 어떤 것보다도 강력한 효력을 갖고, 있습니다 한동안 검은 밥솥에 아무런 변화가 일어나지 않아도 그 안을, 의심하는 자는 아무도, 없습니다 그 기다림과 믿음은 감미롭기마저 합니다 거대한 조직의 움직임은 어딘가 다르다는, 것을 강조하기라도 하는 듯, 안가에서 가장 먼저 해보이는 일은 김을, 올려보내는 것입니다 김이 올라오고 있는 그 구멍이, 안과 밖을 이어주는 유일한 통로입니다 김은 살그머니 하얗게 그러나 그 누구도 막을 수 없는 곳에서 올라옵니다, 잠시 후에는 뜨겁게 끓는 소리도 들려옵니다 김도 더 이상 살그머니 올라오지 않습니다 김이 김을, 몰고 그 김은 또 다른 김에게, 발목을 잡히고…… 풍요의 악순환이 이어지는 동안 안에서 내보내는 찌꺼기들을, 받아내는 것은 밥솥 한 귀퉁이에 매달려, 있는 컵입니다 그것들이 무엇인지도 모르면서 컵은 사력을 다합니다 그러다, 갑자기, 한 순간에, 느닷없이, 철컥, 하는 소리가 납니다 단 한 번의 소리에 모든 것들은 일제히, 행동을 멈춥니다 고요하다 못해 처연하기까지 한, 광경입니다 위태롭게 매달린 컵만이 여전히 묵묵하게 일을 계속합니다 최대 권력자는 어떤 순간에도 절대, 노출이 되는 법이 없습니다, 가장 결정적인 순간에 단 한 번의, 사인을, 할 뿐입니다 모든 것은 다시, 평온해졌습니다 검은 밥솥은 서둘러 숙련공다운 익숙한 포즈로 보온에, 불을 켜 몸 낮추기를 시도합니다 그러나 이제 검은 밥솥 밖의 사람들은 더 이상 선전용 힘에는, 속지, 않습니다 당당하게 뚜껑을 열어, 제칩니다 밥솥 안에는 우리도, 혼란스럽고 어지러운 시대를 당신들과 함께 헤쳐왔지 않느냐며 간, 절, 한, 호소를 하는 쌀 부대들이 서로에게 일사불란하게, 몸을, 붙이고 있습니다 완벽한 위장을 하고 있는 그들에게서는 물기조차 찾아볼 수 없습니다, 그러나 몸 낮추기를 하고 있어도 그들의 얼굴만은 여전히 번지르르합니다 이제 사람들은, 그들을 쳐다보고 있지만은, 않습니다 사방에서 검은, 밥솥의 안가, 속으로 노동으로, 단단해진 손들을, 집어넣습니다 그들을 뒤엎고 헤쳐놓기, 시작합니다 검은 밥솥에 대한 司正은, 그 후로도 오랫동안, 계속됩니다

옷걸이와 남방셔츠

못의, 날카로운 끝이 존재의 어디를 찌르고, 있는지는 알 수가 없다, 다만 찬 못에 흰, 옷걸이의 도가지가, 물음표처럼 살짝, 그러나 분명하게 걸려 있다 (존재의 저 단호한 의문문!) 옷걸이의 모가지의 동서 경제 블록으로는, 남방의 생이, 늘어져 있다 남방은, 벽에서 이데올로기처럼 시들어도, 존재의 순결의 옷걸이의 물음표는, 여전히 확고하고, 둥글게 화해의 제스처와 해방의 신호를 내보이는, 못과 그 아래서 남방의 옷깃은 짝짝이다, 동쪽이 아래로 축, 늘어져 가파른, 내리막길이다 그러나, 동과, 서의, 벌어진 간격을 좁힐 기구가, 이곳에는 마련되어 있지 않다, 동서의 신화는 이미 죽었다, 지금 권력은 회귀성을 띤다 마찬가지다, 남방의 오른팔은, 옷 안으로 깊숙하게 들어와 있고, 왼팔은 아예, 옷 밖으로 나가버렸다, 동서의 밖이, 문득 당당하다고 느닷없이, 바람이 불어닥칠 때마다 옷 밖으로 나간 왼팔이, 그림자를 휘젓는다 그래도, 회귀하지 않는 것은 오로지, 남방의 어깨, 남방의 어깨만은 확고한 선을, 가지고 있다 남방의 어깨는, 흰 옷걸이의, 존재의, 하얀 뼈다

라면, 스프, 근성

입맛 없는, 오후 그 사내는 수도꼭지를 비틀어, 라면을 요리할, 물을 받는다 그리고는 가스 레인지의 손잡이를 좌의 세계, 끝까지, 돌린다, 파란 불꽃이 싱크대에 놓여진, 매끄러운 빨간 라면봉지를 향해 탁탁, 튕기며 타오른다 말간, 물이 불을 끌어당기며 끓기 시작한다 봉지를, 뜯는다, 하나의 조직으로 똘똘 뭉쳐진 라면 한 덩어리와 밀봉된 스프 두 개가, 들어 있다 그 사내는 우선, 끓는 물에 여기저기 흩어져 맴도는 부스러기들을, 쏟아붓고 뭉친 놈을 반으로 뚝뚝 분질러, 넣는다 저고리 고름 말아 쥐고서 누굴 기다리나 낭·랑·1·8·세…… 창문을 타고 들어오던 뽕짝 몇 가락도, 보글보글 섞여 들어간다, 물의 사방에 흩어진 부스러기들이 바닥으로, 가라앉는다 덩어리는 반으로, 잘렸어도 여전히, 건재하다 성급한 물방울들이 뭉쳐진 라면 사이 사이를 비집고 터져오르기도 한다 그 사내는, 덩어리 사이를, 젓가락으로 휘휘 젓는다 느닷없는, 소용돌이 속에서 제각기 떨어진다, 물 속에 잠긴다, 일순간에 색깔이 확 변한다 라면이, 정치적인, 순간이다 무장 해제된 라면 가락 사이에 스프, 두 개를 쏟아붓는다 가벼운 야채 스프는 물에, 쉽게 풀린다 그러나 건더기 스프는 쏟아져 들어가는 순간부터 라면을 뻘겋게, 잠식하기 시작한다 스프는, 급격하게 물에 퍼진다 라면은 순식간에, 전폭적으로, 뻘건 국물 속에 수용된다 라면이, 최대의 격변기를 맞는 순간이다, 드디어 라면은 완전히 해체된다 스프와, 라면 가락이 뜨겁게 섞이는 냄비 속 여기저기에는 한반도의, 지도 같은 균열이 생긴다 잠깐 동안 쏴한 김이, 시야를 차단한다, 그 사내는 가스레인지의 불을 한 단계, 낮춘다 몸을 거꾸로 바로 뒤틀던, 라면 가락들이 일제히, 잠잠해진다 평정을 되찾은 냄비에는 말라붙은, 뻘건 스프 찌꺼기들이 가장자리에, 달라붙어 있다, 그 사내는, 젓가락으로 뻘건 국물 속에서 길게, 라면 가락을 건져올린다 그러나, 단시간의 뻘겋고 강도 높은, 소용돌이에 휘말렸던 라면 가락은 여전히 희고, 매끈하다 아, 희고, 매끈하다 소쩍꿍 …소쩍꿍 ……소쩍꿍 …소쩍꿍 ……자르르르 윤기나게 흐르는 뽕짝, 가락이 냄비 속으로 꼬불꼬불, 넘어 들어간다

시간과 비닐 봉지

검은, 비닐 봉지 하나, 길바닥을 굴러다닌다 계속해서 시간은, 길보다 먼저 다리를 뻗는다, 검은 비닐 봉지, 이번에는 계단이 있는 곳까지, 굴러가더니 멈춘다 잠시 따갑게, 부스럭거린다 시간은 다리를, 양 옆으로 길을 벌리며 간다, 가다 간판, 밑에서 멈춘다 무방비 상태로 옷의 앞을 모두, 풀어놓은 채 시간은 계속되고, 있다며 비닐 봉지, 검은 쓰레기가 있는 곳으로 굴러 들어간다, 한참 나오질 않더니 검은, 그림자를 흔들며 헤집으며, 나무 밑에 멈춰 있다, 그곳에서 시간과, 비닐 봉지가 같은 색으로 만난다, 나무에 등을, 기댄 시간의 한쪽 다리가 무릎에서, 잘려 있다 뒤를 보니 나무의, 중간쯤에 다리를 접어 올리고, 있다 비닐 봉지는 여전히, 나무 밑에 머물러 있고 몸을 앞으로, 숙인 시간은 무엇인가를 뒤로, 껴안고 있다

김춘수 빵집 또는 김춘수 베이커리

1

밤 11시
북악터널을 빠져나왔다
언제나 환한 길의 시작인 그곳에
김춘수 빵집이 있었다
셔터가 내려지고 어둠이 꽉찬
좌와 우의 상점 속에서
김춘수 빵집만이 환한 불을
팽팽하게 밝히고 있었다

김춘수 빵집은
모두 유리로 되어 있다
유리의 사방에는 빵들이 가득 차 있다
같은 빵은 하나도 없다
유리의 한구석에
생크림빵 전문이라고 씌어져 있는
김춘수 빵집은 빵이라는 하나의
형식을 내용이 이기고 있다
오른쪽 구석에는 유리로 된 문이 있다
손잡이는 없다 그곳이 유일하게 빵이

없는 곳이어서 출입문이라는 것을 알아차린다
온몸으로 출입문을 열고 들어가야만
볼 수 있다 유리의 깊은 곳
빵으로 둘러싸인 그 속에서
허리를 꼿꼿이 펴고 빵들을
뚫어져라 쳐다보고 있는 한 사내
그 사내의 눈은
빵들의 정중앙을 투명하게 지나
더 깊은 곳에 들어가 있다
그러나 그가 발을 붙이고
앉아 있는 곳은 여전히
김춘수 빵집 안이다

2

몇 년이 지난 어느 봄날 다시 북악터널을 빠져나온다 김춘수 빵집의 간판이 김춘수 베이커리로 바뀌어져 있다 오늘 산문적인 형식을 취하고 있다는 것말고 김춘수 베이커리의 다른 것은 모두 그대로이다 그리고 이제는 출입문을 밀고 들어가지 않아도 보인다 여전히 그날과 똑같은 자세로 앉아 있는 그 사내가 환한

빵들에 둘러싸여 빵들의 세계 그 너머까지 주무르고
있는 것이

김춘수 베이커리의 아우라인 드높은 하늘에는 낮달이
걸려 있다

드라마

A 빌딩 2층에서부터 1층까지의 전면을 차지한 쇼윈도에는 수백 개의 시계가 있다 모두가 인간이 만들어낸 시간을 갖고 있다 시계들 밑으로는 사람들이 수백 개의 시간을 받들고 서 있거나 무표정하게 시간 밑으로 들어가거나 시간 밑에서 걸어나온다 시간에 갇힌 사람들이 언제나 붐비는 그곳 쇼윈도의 대형 벽시계가 격렬하게 흔들던 긴 추를 갑자기 멈춘다 긴 추 밑의 두 여자의 가랑이가 동시에 벌어진다 각본처럼 그때 뻐꾸기가 쪽문을 열어제친다 쇼윈도 끝이 그 뻐꾸기 시간의 우주의 전부다 전부여도 연속성이야말로 시간을 지탱시키는 비극이라며 검은색 구두 두 짝이 길의 시간을 가로지른다 수백 개의 시계는 모두 다른 시간을 가고 있다 뻐꾸기의 발 아래에는 6시 10분 3초의 탁상시계와 5시 55분 57초를 지나는 탁상시계가 나란하다 두 시간의 과거와 현재 사이의 발자국은 끊겨 있다 그 적막 안으로 디지털 시계의 숨이 징처럼 박힌다 쇼윈도의 하늘과는 가장 멀고 인간의 땅과는 가장 가까운 곳에서는 물오른 수양버들처럼 손목시계들이 척척 늘어지고 있다 아날로그의 시간과 디지털의 시간이 범벅이 되어 흐드러지는 그 사이로 팔만 가진

마네킹들이 불쑥 불쑥 튀어나온다 마네킹의 손목은 클라이막스처럼 텅텅 비어 있다

그림자

숨막히는 한낮의 아스팔트를 끌며 검은 그림자 하나가 간다
그림자 디지털 시계처럼 고요하다
떠나온 곳을 알 수 없는 한떼의 공기
주전자의 보리차처럼 그림자에게 쏟아져내린다

비린 살육의 냄새
(동물이었구나)

책

책에는 시계가 붙어 있다 시계에 초침은 없다 가만히 보면 시계는 언제나 한 곳에 머물고 있다 사람들이 세계를 떠메고 쉴새없이 달린다 그 발자국을 시간이라 부른다 부른다는 듯이 책에 시간이 정지되어 있다 아직은 인간의 냄새가 배어 있지 않은 그러나 예정된 시간의 발자국 같은 발자국이 감추고 있는 웅성거림 같은 웅성거림 안에 스며 있는 숨소리 같은 숨들이 몰고 오는 …………

95. 10. 4일의 스윙

……………………………오전 8시 50분 문예회관 대극장 뒷골목 곳곳의 벽에 연극 포스터가 다닥다닥하다 알몸의 사진 비명처럼 공기와 부딪치다…………
……………오전 10시 30분 연세대학교 교문 양옆에서 토플 강좌와 5·18 특별법 현수막이 팽팽하게 펄럭이다 단단한 철대문 속에서 결핍으로 입구는 어디서나 하나로 열리다………………………………오후 1시 신길동 태양의 집 식당 탁자마다 파란 가스 불꽃이 위로 올라오다 충전을 위해 불꽃에게로 머리를 들이민 사람들의 그림자가 발 밑에서 뒤엉키다 냄새 있는 그림자………………………………오후 2시 50분 조선일보 미술관의 이존수전 세로 높이 1미터 40센티 가로 길이 30여 미터에 이르는 평생도가 벽을 타고 펼쳐진다 오히려 볼 수 있어 몰려오는 막막함 평생도를 돌아나오니 그곳이 입구다……………………
…오후 3시 30분 여섯 명의 집배원이 빨간 가방을 메고 광화문 우체국 뒷문에서 나오다 그 제복의 집배원들이 가방 너머에서 누렇게 시들다 방기해버린 시대의 낡은 시청의 디지털 시계 위의 허공으로 비둘기들이 수직 상승하다………………………………오후 4시

30분 몇 개의 낙엽이 달리는 차의 옆거울 속으로 뛰어들다 80킬로의 속력 속으로 길을 끌며 달려오는 존재의 가벼움……………………오후 5시 아파트 마당에서 자전거를 타는 한 무리의 아이들에게 날개를 달아주고 싶다……………………밤 8시 공터에서 아이들이 농구 시합을 하고 있다 달이 물끄러미 허공에 있다 몸싸움을 하다 한 아이가 공을 동그란 링 안으로 넣고는 공터의 사방으로 뛰어다닌다 그 아이에게서 달빛이 터져나오다………………………밤 12시 불빛이 사라진 아파트—묘지 문화 또는 방전된 에너지

거울

오늘도 그 거울에는 몸통만 남은 가로수가 둘 들어왔고 갈라진 벽과 하늘을 잘라낸 지붕이 하나 머물렀다 어제처럼 닫힌 지붕 아래로는 조그만 손잡이가 달린 문이 하나 있고 손잡이 옆으로 매달린 자물쇠가 지문처럼 빨갛다 그러나 나무그림자가 파랗게 벽과 문을 하나로 열고 그 거울에서 햇빛은 물컵에서처럼 담겨 출렁거렸고 방금 차 한 대가 거울의 세계를 가로질렀다 타이어 자국 하나 남기지 않은 그 순간의 거울은 추억처럼 둥글고 깊었다 시간이 보도블록처럼 거울 밑에 깔려 있어 가끔은 낙타가 타박타박 걸어 들어왔다 웬일인지 낙타의 등에 달라붙은 공기들은 굳어 있었고

II

사방의 평화

아, 그때 나는 왜 허겁지겁 뛰어들어가지 못했을까
동평화
청평화
신평화
사방에서 터져나오는 왁자지껄한 평화 속으로

　* 동, 청, 신평화: 평화시장의 구역 이름들.

쇼윈도

그리움에 지친 날은 마네킹도
발뒤꿈치가 올라간다
열두 개의 까맣고 딱딱한 조명 아래
한 손은 허리의 긴장을 받치고
다른 한 손은 이마의 전율을 누르고
언제까지나 팽팽할 몸은 그림자에게
쏟아져내린다 그림자 속으로
한쪽 다리가 휘어진
의자의 세계가 고단할 때
로비의 전면에 걸린 시계가
여섯 번 차갑게 무너지는 소리를 낸다

그리움이 깊으면 시간도 제 몸을 부딪쳐
세계를 멈춘다 멈춘다며
한 포즈를 견디는 마네킹 그러나
멈춘 시계바늘 끝에서
계속 찔리고 있다 거기까지 와서
서로의 어깨와 허리를 칭칭 동여맨
한 쌍의 남녀가 멈춘다

각각 한 발은 아직도 허공에 들려 있다

마네킹을 올려다보는 남녀의 얼굴이
윈도로 주르륵 흘러내린다
유리 속의 땅은 영원하다고
윈도 사방을 활활 태우며 불빛은
마네킹의 들린 발뒤꿈치를
잡아당긴다 그래도 마네킹의
자줏빛 원피스 사이 허벅지는
그리움을 향해
변함없이 열려 있고
눈은 윈도 너머 로비 너머
하늘 속으로 들어가 있다
그리움은 그 하늘의 광장이어서——

만종

혁신슈퍼 사방의 쇼윈도에 황혼이 밀려들었다 까만 전깃줄이 허공을 끌고 왔다 몸이 작은 새 한 마리가 허공에 매달렸다 황혼의 동쪽 쇼윈도 앞에서 한 사내와 한 여자가 마주 보았다 머리 위에서 낡은 아날로그 시계 하나가 녹아내렸다 퍽퍽 새가 허공의 몸을 두드렸다 허공의 대지인 하늘이 몸을 열었다 하늘의 속도 온통 붉었다 그들의 두 다리는 나란히 바닥에 닿아 있어야 했다 벌써 이 지상의 세계를 몇 번째 온 가로수가 온몸을 공기 위에 얹고 흔들었다 사내와 여자 곁으로 지평선이 조금 다가왔다 쇼윈도의 황혼의 동쪽에서였다

냉장고 앞에서

냉장고 앞에 섰다
속을 알 수 없는

1. 배후에서 어딘가로 줄이 이어지고 있다 과거와 미래가 존재한다
2. 침묵을 비집고 가끔씩 윙윙 소리가 난다 현재가 여기 있다
3. 완강한 몸 위에 늘 은밀한 불을 켜들고 있다 실존이 사실이다

역사 앞에 섰다
속을 알 수 없는
스스로 열지 않으면 열리지 않는

안으로부터 시간의 반죽이
썩어가고 있을 역사 앞에 섰다

재크의 콩나무

지하1층 식품 매장 재크가 엘리베이터를 타고 있습니다
　(엘리베이터의 ↑ 속에 뿌리가 자라고 있습니다)
1층 신변 잡화 매장을 지나 재크는 올라갑니다
　(엘리베이터의 ↑ 속에 뿌리가 자라고 있습니다)
2층 숙녀 의류 매장을 지나 재크는 올라갑니다
　(엘리베이터의 ↑ 속에 뿌리가 자라고 있습니다)
3층 신사 의류 매장을 지나 재크는 올라갑니다
　(엘리베이터의 ↑ 속에 뿌리가 자라고 있습니다)
4층 아동 의류 매장을 지나 재크는 올라갑니다
　(엘리베이터의 ↑ 속에 뿌리가 자라고 있습니다)
5층 가전 제품 매장을 지나 재크는 올라갑니다
　(엘리베이터의 ↑ 속에 뿌리가 자라고 있습니다)
6층 주방용품 매장을 지나 재크는 올라갑니다
　(엘리베이터의 ↑ 속에 뿌리가 자라고 있습니다)
7층 침구 매장을 지나 재크는 올라갑니다
　(엘리베이터의 ↑ 속에 뿌리가 자라고 있습니다)
8층 스카이라운지 매장을 지나 재크는 올라갑니다
　(엘리베이터의 ↑ 속에 뿌리가 자라고 있습니다)

엘리베이터의 ↑ 속에 자라고 있는 뿌리는
하늘 아래 모든 埋葬으로 통합니다

피크닉과 통로

방금 피크닉 (오오, 햇빛 같은 말이여)을 떠나온 두 여자가 파릇파릇한 풀밭에 도착한다 식탁처럼 단정하게 설레고 있는 풀밭은 서둘러 두 여자의 발을 감춘다 풀 속 두 여자의 맨발은 수맥처럼 고요하다 어디로 뿌리를 내리고 있는지 바람이 불어도 풀들은 흔들리지 않고 돌들도 풀들 사이에 멈추고 있다 문득 돌 속에서 단단해진 시간이 숟가락처럼 달그락거린다 그 소리에 이곳에도 이름 모를 꽃이 피어난다 날카롭게 잘려진 공기가 꽃의 잎사귀를 잡아당겨도 여전히 이슬은 군데군데 매달려 있다 세계의 메아리가 들려오는지 흰 모자를 쓴 여자가 가방을 연다 가방에 갇혀 있던 시간이 풀밭 위로 쏟아져 나온다 피크닉은 밥그릇처럼 설렌다 빨간 모자를 쓴 여자는 나무처럼 힘껏 두 다리를 아래로 뻗어내리고 두 팔을 위로 번쩍 올린다 세계의 통로 같은 배꼽과 겨드랑이가 살짝 드러난다

새들은 하늘에서 날지 않는다

책상 위쪽의 우에서 좌로 일렬로 샤갈의
판화 엽서 1, 2, 3, 4, 5가 깔려 있다
책상 아래쪽의 좌에서 우로 앤디 워홀의
그림 엽서 1, 2, 3, 4, 5가 깔려 있다

    샤갈의 제1의 판화는
    여자가 위에서 남자를 껴안으니 허공에서 날개가 큰 새가 날아오르고
    제2의 판화는
    여자에게 남자가 팔짱을 끼니 나무가 구불거리며 열매를 달고
    제3의 판화는
    여자가 남자의 가슴에 얼굴을 묻으니 창으로 외눈박이 아이가 떠오르고
    제4의 판화는
    남자를 여자가 뒤에서 껴안으니 화병의 꽃 무더기 위로 흰 달이 솟아오르고
    제5의 판화는
    사람을 닮은 짐승이 여자를 뒤에서 껴안고 짐승의 앞발이 닿은 여자의

유두가 딱딱해지고 있다

앤디 워홀의 제1의 그림은
초록색과 노란색과 빨간색이 뒤범벅된 단 하나의 화폐 달러가
제2의 그림은
마릴린 먼로가 각각 빨강, 분홍, 진분홍, 파랑색을 입에 가득 물고
제3의 그림은
빨간 꽃 두 송이와 파란 꽃 두 송이가 큰 꽃잎을 쫘아악 벌리고
제4의 그림은
검은 배경 위로 단호히 떠오른 앤디 워홀의 백색 얼굴로
제5의 그림은
켐벨 토마토수프 깡통 셋 사이 사이로 붉은 모나리자와 노란 모택동과
자주색 마릴린 먼로 셋씩 아니 넷씩 아니 혹은……

책상 위의
샤갈 위의
위홀 위의
하늘은 내내 비었고 까만 새 한 마리 허공을 파고 다녔다
그 새가 밟고 지나간 허공에 핏빛 밧줄이 너덜너덜했다

여자와 횡단보도

신호등의 파란 불이 빨간
불로 바뀐다 그래도
미처 욕망의 끝까지 건너지 못한
여자는 횡단보도를 건넌다
육체가 실린 환상은 현실이라
바닥에 끌릴 듯한 쇼핑 백들을
양손으로 추켜올리며 건넌다
욕망은 금지의 신호에서 더 빛난다
그래도 하늘은 구겨진 곳이 없다

다리를 내딛기도 전에
욕망의 손이 먼저 뻗는지
여자의 몸이 자주 기우뚱거린다
그래도 점점 더 벌어지는
두 개의 하이힐 사이
그림자는 한 포즈로 몸을
따라간다 여자의 머리 위에서
하늘은 여전히 단단한 거울처럼 떠 있다

여자의 쇼핑 백이 기어이

횡단보도 끝에 닿는다
여자가 건너온 길의 끝에는
사들이고 싶은 단단한
담장이 이어지고 있다
복제된 세계를 움켜잡고 있는
여자의 두 손은 아직도 무겁다.

담장이 몸을 막아도
줄장미들은 제 시뻘건 영혼을
밖으로 내보이고 있다

지금 어디 가?

꿈쩍도 않고 단단한 어조다
너 지금 어디 가?
언젠가부터
그 방의 문을 연 그날부터
벽을 볼 수 있게 되었을 때부터
어쩌면 그곳이 방이었는지도 모를 때부터
그림자도 늘어뜨리지 않고
제 온 우주를 팽팽하게 열어놓고
늘 9시 35분을 지나며
그 시계가 쉬지 않고 물었을
너 지금 어디 가?

넥타이에 끌려가는 사내

순간, 지상의 전면을 향해 마악, 한 발자국을 내디디려던 사내, 세계의 중심을 잃은 그, 사내의 목을 세계의 배후가 잽싸게, 잡아당긴다 그의 뒤틀리는 목을 따라 넥타이의 한쪽, 끝이 바나나처럼 허공 속에 꼿꼿하게 선다 (중심이 무너지면 무너진 그곳이 중심이 되나니 구겨진 허공에 박힌 넥타이는 여전히 단단하다) 그 사내의, 왼쪽 다리가 뒤로 물러서며 발꿈치가, 들리고 (발은 현실에서 떨어지고) 앞을 향해 내딛던 오른쪽 다리는, 무릎 안쪽을 향해 휘어진다 (모든 굴절은 한 순간이니) 현실의, 무릎과 무릎 사이는 결코, 닿지 않아도 그림자의 무릎은, 하나로 붙어 있다 (그림자의 관념성이여) 그런 사내의 뒤에서 강물이 물 밑을 파고, 물 위에는 허공의 길인 다리가 떠 있고 (기어이 육체를 얻은) 넘어질 듯, 넘어질 듯 그 사내는 넥타이를 따라 허공으로 끌려 올라가고——무방비의 지상을 햄버거 냄새가 밤꽃처럼 뒤덮고

아무튼 계속 돌았다

그러나 오늘은 우리도, 모르는 사이, 이곳에 철컥철컥 들어선 간판들의 네온 사인이 이미, 꺼졌고 이곳에, 버스도 서질 않았다 그러나, 여전히, 서지 않는 이곳의 가판대에서 셀로판지로 만든 바람개비가 돌고, 있었다 하나의 뼈대에 몇 개씩 둥글게, 자세히 보면 각지게 붙어 있는 색색의 바람개비들이, 몸이 사라지도록 도는 것 돌다 금방 그치는 것 흔들거리는 것 돌지 않는 것들이, 길들을, 흩어놓고 있었다 바람개비가, 왜 무엇 때문에 도는지 무섭게, 돌 수 있는 자리는 어디인지, 아무도 몰랐다 도는 것이 좋은지 돌지 않는 것이 좋은 것인지조차도, 아무튼, 바람개비는 계속 돌았다 그러나 가끔 얼굴, 없는 손이 나타나서,

알레그로

종이컵이, 보도블록 위에서 종이컵이 구르고, 구를 때 세계의 한 끝이 도르르, 말린다, 가려져 있던 세계의 담벽도, 드러난다, 지나가던 고양이가 길의 뿌리를 긁는다, 구르던 종이컵이 뒤집어진다 종이컵 안에서 구겨져 있던 울퉁불퉁한 길들이 줄줄이, 풀려나온다, 소리들은 종이컵 안으로 스며들지 못한다 그러나, 보도블록이 깨진 곳에는, 고인다, 고인 물 속에 종이컵이 끌고 와 버린 지평선이 담겨, ……, 사람들은 지평선을 피하며 걷는다, 축축한 그림자만 지평선으로 잠겨, 들어간다 그래도, 사람들이 블록처럼 떨어지고, 붙고, 하는 그 사이로 종이컵은, 여전히 허연 얼굴로 세계의 끝을 도르르, 도르르, 말아올린다

철, 컥, 철, 컥

의자에 앉아, 그녀는, 현관문을 바라본다 닫혀진, 세계의 문 밑에서 소리없이 그림자가 멈춘다, 멈춘, 그림자가 세계를 덮친다 사라진, 세계 위로, 그림자가 움직인다 그녀는, 꼼짝 않고 그림자를, 쳐다본다, 철, 컥, 하는 소리가, 나더니 그림자가 없어진다, 계속해서, 그녀는 현관문을, 바라보며 컵에 물을, 따른다 세계가, 출렁, 거린다, 물소리는 텅 빈 길을 가지고 있다, 세계는 컵의 바깥으로 흘러내리기도, 한다 갑자기 급브레이크 밟는 소리, 컵을 강타한다 그녀는 침대에, 주저앉는다, 들춰진 이불 밑에 시간의 옷자락이 구겨져 있다, 그녀는, 한 손으로 이불을, 쓰다듬으며 현관문을 쳐다본다 가느다란, 빛이 들어오던 세계의 문, 밑으로 또다시 그림자가 드리운다, 점점 더 깊숙이 들어온다 방안이, 어두워진다 컵이 바싹, 마르며 타들어간다, 그녀는 수도꼭지를 튼다, 그 안에 끼였던, 세계가 쏟아진다, 세계는 그녀에게도, 튄다, 순식간에 세계를 껴입은 그녀, 손을 뻗어 시계를, 찾는다 손목시계가 석간 신문 밑에 깔려 있다, 그녀는, 문의 세계의 잠금쇠를, 쳐다보며 시계를, 쳐든다 세계,

안에서 디지털 시계가 철, 컥, 철, 컥, 사물이 없는
텅 빈, 시간 속을 가고 있다

냉 면

물냉면을 시키고 앉아 신문을 뒤적거린다
해외 토픽란에는 자궁이 없는 딸을 위해
엄마가 대리모가 되었다 찬반양론이 분분한 활자
사이로 바퀴벌레가 구불구불 기어간다
유선방송에서는 한국영화가 방영중이다
한 여자가 사산된 아기를 낳는다
여자의 돌멩이 같은 몸과 울부짖는 소리가
순식간에 분식점 안에 부서져내린다
바닥에 이리저리 뒹굴던 휴지도 흥건히 젖는다

냉면의 시뻘건 국물. 탯줄 같은 면발을
꾸역꾸역 내 속으로 밀어넣는다. 1천 8백 원 어치의
질기고 긴 탯줄. 창밖에는 온통 꿈틀거리는 햇빛

한 사람의 식탁

한 사람의 두 팔이
식탁 위에 놓여졌다
육체는 식탁과
가장 구체적으로 만난다
왼손에는 빵을 하나 들어
생존이 충만하다
오른손은 마악 주전자에
닿고 있다
주전자를 향해 절대적으로 펴져 있는
다섯 손가락이 닿고 있는 곳이
유난히 캄캄하다
공기 속에 부패의 흔적이 있다
공중에 떠 있는 그의 손가락
사이 사이에서는
세계가 가볍다 못해
투명해졌다

내 집처럼, 낯설게

1

프레스센터 20층 멤버스클럽에서 점심을 먹는다. 셋트 B. 이태리 음식이다. 피아노 연주. 음식이 나를 우적우적 집어삼킨다. 나의 이곳저곳은 자꾸 물어뜯겨 잘려나가고 창밖의 서울, 빌딩은 그래도 건재하다. 바람이 불어도 흔들리지 않는 빌딩. 나무들만 온통 흔들린다

2

1층에서 사진전. 각 나라의 사진들. 오스트리아, 네덜란드, 미국 등등을 돌아 한국 작가들의 작품 앞에 서니 몸이 열린다. 우루과이 라운드라는 작품──한국소 눈 속에 사람 둘(눈을 낯설게 뜬), 시장에서 라는 작품──닭을 잡는 여인네들. 털이 모두 뽑혀나간 닭들, 고무다라에는 닭똥집이 둥글게 둥글게 제 속의 멍들을 내보이며 모여 있다. 여인네의 손마디 심줄이 툭툭 불거져 있다. 벗겨진 닭들의 내장 없는 속. 흰 속살.
로비에는 조각전. 신문을 들고 어느 늙은 사내가 맨발로 들어오며 소리를 지른다

3

덕수궁 돌담길을 걷다 버튼식 입장권 550원을 내고 덕수궁에 들어선다. 벤치에 앉아 있는 사람들, 비둘기들, 빈 벤치…… 손자와 할머니로 보이는 두 사람이 덕수궁 문을 들어서며 제복 입은 안내원에게 고맙다는 인사를 꾸벅 한다. 그 여인네의 옷에 안간힘을 쓰며 달려 있는 인조 카네이션 한 송이

4

교보문고에 갔다. 책을 샀다. 비닐 봉지를 들고 달랑달랑 교보문고를 나선다. 내 집처럼, 낯설게.
짬뽕과 간짜장의 마음, 세월 같은 불빛 아래 내가 깨문 아이스케이크 한 개, 470원의 좌석버스, 장미원에 내려 걷는다. 개천의 물소리에 온몸이 쑤신다. 고장난 대문, 고장난 물소리. 빼끔히 대문이 열려 있다

이치와 사물에 걸림이 없다?

색색의 옷들이 보수주의처럼 인간의 육체를 위해 벽과 바닥에 가득 걸려 있다 마음이 빈 육체의 집은 누구에게나 잘 맞는다…… 시간을 겁내지 말고……이제는 막연히 기다릴 수 없어 ……옷들이 서태지와 아이들의 4집 수록곡 프리 스타일을 덧입고 색색으로 빛난다, 色卽是空이다

일렬로 진열되어 있는 구두 속은 천민자본주의처럼 모두 비어 있다 주인이 긴 부츠를 뒤집어보인다……정복당해버린 지구에서……그들이 네게 시키는 대로 움직여야 해 끌려다녀야 하는데……고여 있던 서태지와 아이들의 4집 수록곡 1996 그들이 지구를 지배했을 때가 터져나온다 주인이 서둘러 부츠를 제자리에 놓는다 비어 있음의 무거움, 空卽是色이다

직사각형의 좁은 통로 양쪽을 모자가 채우고 있다 이상하게도 모자에서는 군사 정권 냄새가 난다 몸을 비울 수가 없다…… 나는 몇 해 전인가 빛을 버리고 어둠을 맞이할 수밖에 없었네…… 서태지와 아이들의

4집 수록곡 슬픈 아픔이 모자 위로 굴절되며 미끄러 진다, 色卽是空이다

사람들이 귤을 고른다 노란 귤을 헤치면 그 속에는 또 노란 귤이 있다…… 빌어먹을 내 가슴속엔 아직 네가 살아 있어 ……서태지와 아이들의 4집 수록곡 필승이 사대주의의 알맹이처럼 톡톡 터진다, 空卽是色 이다

버스정류장 복제 테이프를 파는 리어카의 스피커에서 서태지와 아이들의 4집 타이틀곡 컴백홈이 일그러지 며 그러나 좌절하지 않고 나오고 있다……난 내 삶의 끝을 본 적이 있어…… 거칠은 인생 속에 나를 완성 하겠어…… 를 열심히 따라 중얼대며 사람들이 와야 할 버스가 오지 않는 쪽을 보고 있다 ……돌고 도는 ……하나의 역사……컴백홈……밝혀져야 할 것이 밝 혀지지 않는……둘의 역사 ……컴백홈……바로잡아 야 할 것이 바로 잡혀지지 않는…… 셋의 역사 ………컴백홈 ……기차 꼬리잡기 …… 컴백홈…… 유 머스트 컴백홈 ……컴백홈 ……반복됐던 기나긴

날 속…… 의 역사를 꼼꼼히 읽었다고 사람들은 제 몸의 그림자를 바닥에 턱 내려놓고 있다 여전히, 色卽是空이다

1995년 10월 15일 일요일 거리에는 서태지와 아이들 4집이 이 땅의 신이데올로기처럼 쏟아져내리고 있다 서태지와 아이들의 4집이 거리의 언어를 장악했다 (理事無碍다!)* 그들에게 총칼은 없었다 나온 지 3일 만에 100만을 돌파한 신보(事事無碍다!!),** 이제 역사는 그들이 바꾼다***

* 理事無碍: 이치와 사물에 걸림이 없다.
** 事事無碍: 천지 만물에 걸림이 없다.
*** 가요 순위 공개 프로에 서태지와 아이들의 팬들이 들고 나온 문구.

III

너는 어디에서 왔으며, 무엇이며, 어디로 가는가

골목 끝에 집이 있다
집이 그늘이다
나는 어제의 집에 그늘로 앉는다
공기가 육친처럼 불편하다
아이들이 그러나 세월처럼 지나간다

지금
시간처럼
공기처럼
너는

몸과 공기

저물녘이다 (이 말에 왜 몸을 식물처럼 가지런히 담그고 있고 싶은 것일까) 공원은 (몸의 휴일 같은) 적막하다 어두워지는 하늘의 마음이 쿵쿵쿵 내려앉는다 쓰라린 공기가 스며든다 진녹색 칠이 벗겨진 (비로소 드러나는 몸의) 나무 벤치는 출입구에서 뚝 떨어진 서쪽 구석에 웅크리고 있다 벤치에 한 늙은 여자가 갓난아기를 태운 보행기를 다리 사이에 놓고 앉아 졸고 (다리와 다리 사이가 얼마나 애틋한지 오래된 봄은 알리라) 한 해의 잎을 남김없이 벗어버린 나무 한 그루가 하늘과 벤치 사이를 파고 있다 나무의 밑동에는 낙엽이 수북하다 (한 곳을 견디는 것들은 어둠의 아랫도리가 환하리라) 보행기의 밑바닥도 벤치의 다리도 모두 길을 묻은 낙엽 속으로 지워진다고 늙은 여자의 고개는 텅 빈 허공의 아래로 떨어지고 (그곳도 깊고 아득하리라) 아기는 허공의 위를 향해 손을 뻗친다 (그때 아기가 공기의 고단한 발바닥을 만졌을지도) 우주의 모든 것은 몸이 시간이다 그렇다 몸이 시간이다 진한 어둠이 후두둑 아기의 얼굴에 꽂힌다 아기가 짓무른 울음을 터뜨린다 망설임도 없이 공기의 자궁 속으로 아기를 밀어넣으며 늙은 여자가 단숨에 일어선다

태극기의 바람

태극기가 바람에 펄럭입니다
곧고 강한 수직의 깃대에 매어져 펄럭입니다
깃대의 자유가 태극기의 자유입니다
태극기 위로 시퍼런 하늘이 이어집니다
여전히 태극기가 바람에 펄럭입니다
이념은 시들어도 태극기는 펄럭입니다
태극기를 태극기이게 하는 것은
이념이 아니라 바람입니다
바람이 태극기의 현실입니다

철원, 노동당사, 새

1

한쪽 끝이 허물어진 40년대 노동당사가 비스듬히
기운다
뒤로 걸쳐진 몇 조각의 하늘도 같이 기운다
그 기우뚱한 시대가 난간에서 뜬금없이 웃고 있다
원색 옷을 걸친 아이들과 군인들이 들고 가는
무전기에서 쏟아지다 흩어지는 새들

노동당사 문에 마른 풀 몇몇 기대어 있다
풀들이 백마고지를 잘랐다 이었다 한다
발 밑에 고여 있는 물들은 고여 있는 하늘 속에 쉬고

2

허물어진 노동당사의
창문에 잠시 헬리콥터가 갇힌다
채송화와 녹슨 철모는 사람의 지붕 밑에서
속이 까맣게 타고 있다
껌을 씹으며 군인이 지나가고
이 빠진 아이는 무덤을 밟으며 휘파람을 분다
아, 모든 것을 슬어가는

그 소리의 몸이여

3

철책 안이 보고 있다
철책 밖을
안과 밖이 없는 것은 하늘뿐이다
하늘에서는 새떼들이 난다

반란!
반란의 일순!

좌향좌 우향우

70년대말 아버지는 황달에 걸렸다 밤마다 창밖에는 헐거운

칼 같은 달이 차올랐다 흑백 텔레비전에서는 조용필이 창밖의 여자를

열창하는 사이사이 가끔씩 박정희 대통령의 말소리가 파편처럼

튀곤 했다 별당아씨는 여전히 흑두건을 벗지 못했지만

시대는 용감했고 CF에서는 오리엔트 아날로그를 찬 남자 모델이

다리를 건너고 있었다 그때 머리에 수건을 동여맨 어머니들도 가끔

치마를 올렸다 그 곁에서 말라 비틀어진 우물은 바람만

안으로 키우고 장차 이 나라의 왕이 되고픈 아이들은 날마다

칼을 허리에 차고 좌향좌 우향우를 하며 커갔다

흔 적

횡단보도를 하나 건너 둘 건너 셋 건너 길의 끝까지
　　신호등이 태아처럼 빨갛다
횡단보도를 하나 건너 둘 건너 셋 건너 길의 끝까지
　　줄줄이 차들이 관 같다
횡단보도를 하나 건너 둘 건너 셋 건너 길의 끝까지
　　色色의 텅 빈 쇼윈도 속이 환하다
횡단보도를 하나 건너 둘 건너 셋 건너 길의 끝까지
　　날다 만 비둘기떼가 가로수 가지에서 굳
　　는다
　　하늘은 전깃줄에 그물처럼 걸린다

화창한 날의 동화

한낮, 기차역이었습니다
이제 막 떠나려는, 기차가 서 있고 긴, 플랫폼에는 한 아이가 몸을, 쪼그리고 서 있었습니다
기차, 안은 웃고 떠드는 사람들이, 가득했습니다
날은 더없이, 화창했지만 그곳은 낮고, 어두웠고, 그 누구도 창문 밖을 보지 않았습니다
썰렁했습니다
곧이어 바퀴가, 움직이고 천천히 기차의 칸칸이 그 아이, 앞을 지나갈 때
모두 그 아이를, 꼼짝 않고 서 있는 그 아이의, 눈에서 검은 향기가 나는 것을
그 아이의, 몸이 공기를 점자처럼 읽는 것을 못 보았습니다
그때 레일 밑의, 돌들이 가볍게 뒤틀며, 반짝였습니다
석류 같은, 공기의 파편들이 눈부셨습니다
한 순간이었습니다
둘러보니 사방은, 어디나 아늑한 폐허였습니다

외부에서 내부로의 이동

유리창으로 기차들이 가볍게 어긋나며 지나간다
좌와 우의 세계가 잠깐
닿고는 떨어진다
 (세계의 낯빛은 여전했다)
한 건물 위에서
간격을 유지하며 서 있는 피뢰침들이
세계를 서로 당기며 흔들린다
새들이 급하게 방향을 바꾼다
시간이 서둘러 제 몸으로 들어간다
 (세계는 여전히 팽팽했다)
바람이 불지 않는 곳에 있는 나무들은
오늘의 바람이 궁금하다
빈 의자들은 따뜻한 궁둥이가 궁금하다
소리없이 유리문이 열렸다 닫힌다
언뜻 시간의 잎사귀 속에 길을 두고 떠나가는
 (세계의 그림자가 보였다)

풍경의 끝

창은 창으로 남아 있어야 한다, 그 창에는 양쪽으로 드리워진 커튼이 있고 무수한 별들이 일사불란하게 떴다 지고 다시 뜨고 있었다. 그 아래, 한 남자와 한 여자가 탁자를 사이에 두고 마주앉았다

등불이 그 남자와 그 여자 사이를 가르며 매달려 있다. 머리 위의 등불의 존재를 알지 못하는 것은 지금 탁자 위에서 급작스럽게 손을 맞잡은 그 남자와 그 여자뿐이었다. 저쪽을 봐, 남자가 여자를 풀어주듯 몸을 의자에 기댄다. 손은 서로 붙잡고 있다. 여자가 고개를 돌려 남자가 가리키는 방향을 쳐다본다. 저쪽을 봐, 남자는 자꾸 함께 붙잡은 손을 자기 쪽으로 끌어당긴다. 여자도 남자가 가리키는 쪽을 보며 자기 쪽으로 당기며 그리고 서로 밀리고 있다. 자꾸만 벌리는 그 여자와 남자의 컴컴한 입 속으로 별들이 구른다. 입을 닫으면 별들이 사라진다. 우주는 그렇게 쉽게 열리고 닫히고 있었다. ㅈ·ㅉ·ㅇ·ㅂ·ㅇ…… 남자의 말이 여자에게로 가기도 전에 허공에서 뚝뚝 끊어지고 그 순간 우루루 별들이 쏟아졌다. 등불이 탁자 위에 떨어진 별들을 비추었다. 별들이 잠깐 새

까매진다

창은 차갑게 비추고 있다. 여전히 한 남자와 한 여자가 앉아 있다. 그래, 그 창의 한가운데 놓인 촛불만이 짐승처럼 아름다운 그때 ……창이 보여주는 풍경, 풍경의 끝……한 순간, 그 남자와, 그 여자가, 블랙홀 속으로, 빨려, 들어간다

국경일

국경일이다

모든 문에 철제 셔터가 내려져 있다
상점들은 모든 내부를 밀봉해버렸다
횡단보도는 텅 비어 있다
그때 데모 진압차 하나가 정적을 헤집고
긴 경적을 울리며 급커브를 튼다
인도에는 있어야 할 사람이 없다

옥상 위에 매달려 있던 뻘건 십자가가
툭 떨어진다

모래 무덤

 아이들이 모래 무덤을 만들고 있다
 한 손을 가운데 넣고 모래를 수북이 쌓고 꾹꾹 누른다
 막대기를 가운데 넣고 모래를 수북이 쌓고 꾹꾹 누른다
 세상은 뼈와 살이 다져진 곳이라는 듯이 꾹꾹 누른다
 제 몸을 동그랗게 말고 있는 아이들의 엉덩이가 무덤 같은데

 아이들은 막대기를 묻고 막대기를 궁금해한다
 아이들은 제 손을 묻고 제 손을 궁금해한다

각각 보도블록을 따라

최근 영국에서는 공원 벤치에 앉아 있던 사람들이
갑자기 벌떡 일어나 허공에 대고 울부짖는다고 한다
I'm alone, 고독해서 못 살겠다, I'm alone
식량난을 겪고 있는 러시아공화국 시민들은 상한 쥐를 그냥 먹어
감염 문제가 대두되고 있다고 치지직대는 전파사의 스피커 소리
그 곁에서, 보도블록으로 四方이 막혀 있는데도
나무들은 여전히 서서
꿈틀거리며 하늘을 왈칵 움켜쥐고 있다

청량리 정신병원 근처

 허겁지겁 불이 바뀌고 철문이 닫히고 녹슨 세월이 닫힌다

 문득 세상 쪽으로 거무칙칙한 그림자와

 입간판 위로 드리워진 그늘이 소리를 숨기고

 풀밭에 주저앉아 있는 풀들은 세상의 모든 길들이 그립다

 나무가 비의처럼 숨겨놓은 물이 가끔 후두둑 소리를 안고 땅으로 떨어진다

 내려앉던 안개가 높은 담을 둘러싸고

 쇠창살 밖을 기웃거리는 목 늘어진 유행가에 맞추어

 미주아파트 입구를 빠져나온 오후반 아이들

 장화를 신고 첨벙첨벙 담장 높은 학교로 간다

환한 방

거울 속에 녹슨 기적 소리들이 쌓인다
거울 속에 구부러진 길들이 이리저리 쌓인다
짐을 끄는 낙타들의 발자국이 찍힌다
거울 속에 낯선 유리창이 쌓인다
거울 속에 아직도 모양이 남아 있는 것들이 이리저리 쌓인다
거울 속에 두 손으로 거리의 열쇠를 쥐고
정처없이 어둑어둑해지는 서쪽 하늘이 몸을 쪼그리며 쌓인다
거울 속에 더 이상 어두워질래야 어두워질 수 없는 곳
그곳에서까지 껌벅거리던 별들이 여전히 뒹군다
거울 속에 험하고 투명한 골짜기가 여기저기 패인다

당신의 소포

　보내주신 소포 잘 받았습니다
　집으로 오르는 계단은 모두 지워져 있었습니다
　좁은 복도는 벼랑처럼 아득했습니다
　당신이 보내신 소포는 왜 그리 가벼운지요
　문신 같은 초생달이 떠올랐습니다
　하늘은 더 이상 물러설 곳이 없는 거울 속 같았습니다
　밤의 등을 켜든 창이 잠깐 빛났습니다
　마분지를 살그머니 벗겼습니다
　창이 숨을 자꾸 놓쳤습니다 그러나
　벗겨도 벗겨도 세월의 붕대 같은 마분지만 보였습니다
　마분지 위를 쓰다듬어보면
　여전히 사각의 딱딱한 통이 만져졌습니다
　아아 무덤이 그렇게 따뜻하리라고는 생각하지 않았습니다

옛집을 지나며

1

당신에게로 갈 때 나를 따라오며 흔들리던 후박나무여
후박나무의 위로 둥글게 이어지던 하늘이여
차마 그 안을 들여다볼 수 없는 막막함이여

아아 후박나무 넓은 잎잎의 구덩이여
숨막힘이여 공기여

2

검은 그림자가 덮친다 말이 지워진 간판이 들어왔다 사라진다 사람의 지붕이 구불거린다 시퍼렇게 몰려드는 나무들 나뭇잎 속 시간은 온몸이 지워진다 지워지는 시간도 공기 안에 있다 그래도 속속들이 칼칼한 길 반쯤 내려진 셔터며 검게 문이 뚫린 개집들은 시간을 버틴다 아니다 찢어진다 소리없이 하얗게 찢어진다 잠깐 보여주는 그 속이 뜨겁다

3

성곽의 돌담이여 돌담의 아우라인 길이여
돌담 안은 보이지 않고 돌담을 따라 걸을 때

길을 가리키는 빨간 푯말이여 전언이여
담장 너머로 언뜻언뜻 사철 푸른 소나무여 물오른 아카시아여
뒤범벅된 향기여 흙이여 돌이여
돌담이여 손때 묻은 돌담에 새겨진 호흡이여
돌고 도는 문고리여 세월의 푸른 학살이여
무너진 감옥이여

달처럼, 달과 함께

그 방에는 큰 창이 하나 나 있습니다
제 몸을 열어 풍경을 가둔 창입니다
지금 막 그 창으로 하나의 능선이 그어졌습니다
검은 능선입니다
조금 있자 능선 위로 달이 하나 떠올랐습니다
창의 끝이었고 하늘의 시작인 곳에서 떠올랐습니다
능선 밑에서는 흙냄새가 나는 것들이 웅성거렸습니다
그와 나는
능선에 걸터앉아 달을 바라보고 있었습니다
달 속으로 구름이 한떼 몰려 들어갑니다
하늘이 뚫리며 우루루 깃털이 쏟아집니다
그와 나에게도 쏟아져내렸습니다
그 순간 그와 나는 능선 위로 떠올랐습니다
다시 되돌아올 수 없는 길을 떠나는 순간은 가벼웠습니다
머물러라 머물러라
창을 가득 메운 우주의 소리가 들려왔습니다
뒤를 돌아보았습니다
우리를 따라 능선이 출렁거리며 오르고 있었습니다

그때에도 달은 아득하게 빛나고 있었습니다

질긴 행렬이었습니다

봄 · 편지

봄이다 라고 적자마자 그 (봄) 안으로 나비가 날아든다 유리창 속에서 밥그릇 속에서 시계 속에서 접혀진 무릎 속에서 못 속에서도 나비가 튀어나온다 날개가 없는 것도 나비라는 이름으로 모여든다 하늘을 담은 유리창으로 물고기들이 날개를 달고 오기도 한다 손에 무엇인가를 들고 오는 나비도 있다 그 중에는 오래 전에 내가 그에게 보낸 석 줄의 편지도 있다 내가 보낸 구절 중 죽었나?가 죽었다로 고쳐져 있다 물음표를 검게 지운 자리에

|해설|

다원주의의 그물

오규원

> 길은 그물이다 몸을 가진 것들은
> 걸린다 걸려본 발이 길을 알리라
> ——「길 또는 그물」 부분

1 이원(李源)의 작품에는 상당수가 회화(繪畵)와 깊은 관련이 있다. 바로 그 점이 그의 작품을 논하는 데 회화의 이론을 원용하도록 나를 유혹한다. 그리고 그의 시에는 80년대 이후 흔히 논의되는 신표현주의Neo-Expressionism의 특성과 통하는 점도 있다. 「시간과 비닐 봉지」라는, 다음과 같은, 시의 전문을 보며, 그가 가고 있는 길을 함께 더듬어보자.

 검은, 비닐 봉지 하나, 길바닥을 굴러다닌다 계속해서 시간은, 길보다 먼저 다리를 뻗는다, 검은 비닐

봉지, 이번에는 계단이 있는 곳까지, 굴러가더니 멈
춘다 잠시 따갑게, 부스럭거린다 시간은 다리를, 양
옆으로 길을 벌리며 간다, 가다 간판, 밑에서 멈춘다
무방비 상태로 옷의 앞을 모두, 풀어놓은 채 시간은
계속되고, 있다며 비닐 봉지, 검은 쓰레기가 있는 곳
으로 굴러 들어간다, 한참 나오질 않더니 검은, 그림
자를 흔들며 헤집으며, 나무 밑에 멈춰 있다, 그곳에
서 시간과, 비닐 봉지가 같은 색으로 만난다, 나무에
등을, 기댄 시간의 한쪽 다리가 무릎에서, 잘려 있다
뒤를 보니 나무의, 중간쯤에 다리를 접어 올리고, 있
다 비닐 봉지는 여전히, 나무 밑에 머물러 있고 몸을
앞으로, 숙인 시간은 무엇인가를 뒤로, 껴안고 있다

  위의 시는 낯설다. 그러나 전혀 낯설지는 않다. 위의
시가 수사적으로 낯선 것은 대상을 극적으로 과장(바로크
적 수사법이 그렇다)하거나 극단으로 왜곡(초현실주의적
수사법이 그렇다)하거나 해서가 아니라, 대상을 극단으로
치밀하게 또는 극적으로 확대(극사실주의나 팝의 수사법이
그렇다)하기 때문이다. 그러나 그의 시는 위에서 볼 수
있는 바처럼, 팝이나 극사실주의가 배제해버렸던 주체의
정서와 관념을 묘사의 행간 속에 일정한 형태로 병치 병
렬하고 있다(이런 점은 그의 시에 다양한 형태로 나타나 있
다. 바로 이런 점이 그의 시를 신표현주의와 비교하게 하는
것이다). 이 관념의 형상과 이미지는 전통적인 시에 흔히
보던 것이므로 '전혀' 낯설지 않을지도 모른다(시에 불규
칙하게 찍혀 있는 쉼표는 나중에 따로 이야기하자).

이 시가 수사적 측면이 아닌 내용적 측면에서 낯설다면, 이 시는 전통적인 묘사시와 달리, 너무나 일상적이어서 일상적이라고 말하기조차 민망한 '바람에 날리는 비닐 봉지'라는 사물을 시적 대상으로 하고 있는 탓도 있다. 아니, 그 사물을 통하여 쓰레기의 물성(物性)을 형이상학적 물성으로 바꾸어놓고 있는 점 때문이라는 표현이 더 적절할지도 모르겠다. 이 시는 거리에 버려져 있는 비닐 봉지를 '거리에 버려져 있는 시간의 형상'으로 보여주는 데 성공하고 있기 때문이다. 아니면, 이런 것을 시로 써야 하는 시대에 우리가 살고 있는가라는 의문이, 이 시를 그렇게 낯설게 하는지도 모른다.

 그러나, 그럼에도 불구하고, 그의 시집에는 이제는 익숙한(그러나 아직 낯설기도 한) 예술적 대상이 된 사물이 가득하다. 그의 시집 맨 앞에 게재되어 있는 작품의 제목인 「PC」로부터 I부에 수록되어 있는 17편의 작품 제목과 주요 사물만 열거해도, 플러그, 엽서, 밥그릇, 신발, 밥솥, 옷걸이, 남방셔츠, 비닐 봉지, 라면, 빵, 아날로그와 디지털 시계, 포스터, 자동차 등등 줄지어 등장하고 있다. 이른바 '백화점적 사물'이란 것이 그것이다. 물론 이들은 팝아트 작가들이 즐겨 찾은 대상이다. 그리고 극사실주의 작가들이 카메라를 들고 즐겨 찾아다녔음직한 차가운 도시의 풍경도 여기저기 있다. 그러나 그의 시에는 여전히 낯선 구석이 있다. 누구는 이 작품에서 예술 작품이란 지각 과정 그 자체이므로 그 과정을 치밀하게 보여줄수록 좋다는 의미의 쉬클로프스키의 말을 떠올릴지도 모른다. 그런 구석도 있기 때문이다. 그러나 그런 것보다 작품 속에서는 당대(當代)의 실체, 그 실체의 리얼리티가 냉랭하게 고개를 들고 있지 않은가.

대상의 형태나 이미지를 끝없이 지우려는 미니멀 아트는 대상의 의심스러운 외형을 지움으로써 대상의 본질과 만나려는 코기톨로지의 관념적 모험이 보여주는 한 극단이다. 그리고 대상에 드리워지는 인식 주체의 관념과 정서를 철저하게 배제하려 한 하이퍼 리얼리즘을 포함한 여러 가지 새로운 리얼리즘은 그 코기톨로지의 근거인 주관을 극복하려 한 정신적 모험의 한 극단이다. 그러나 이 둘은 다 같이 주체 중심의 이데올로기에 대한 회의로부터 출발하고 있다는 점에서는 동일하다. 그러나 대상의 허상과 에고의 허상을 각각 지우고 세계의 중심축으로 작용하는 주체 이데올로기로부터 해방되려 한 이러한 정신적 모험들은 그 모험의 극단에서 허상을 지우려다가 그것을 지우려 하는 주체의 근거 자체를 지워버리는 위험과 만나게 된다. 이러한 고갈의 상태, 즉 고갈의 형식과 현실 세계의 이데올로기 붕괴는 서로 맞물려 있다고 보아야 한다. 고갈의 형식은 상대적으로 무한한 형식의 자유를 유발하고, 이데올로기의 붕괴는 중심 없는 다원주의 세계를 현실적으로 유도하는 것이기 때문이다. 실제로, 한 측면에서 말해본다면, 지금 우리가 현실의 예술에서 흔히 경험하고 있는 다양한 표현 매체의 구사, 고전적 작품과 대중 예술의 자유분방한 차용과 변용, 그리고 장르 개념의 해체 등이 그 좋은 보기들이다.

이런 세계가 바로 신표현주의의 요체이다. 표현 목적에만 부합한다면 작가들은 자유롭게 무엇이든 차용하고 원용한다. 그런 만큼 신표현주의는 다양한 모습을 하고 있다. 그러나 형상과 이미지의 회복이라는 목표는 동일하다. 그리고 그 목표를 현실화하기 위해 사실주의적 기법을 적극 수용한다. 그렇다고 하더라도 그들이 관계하는 것은 진부한 사실주의와는 거리가 먼 새로운 사실주의의 다양한 기법이다. 그 가운데 가장 두드러진 기법은 대상의 확대 묘사이다. 미니멀 아트가 본질과 만나기 위해 대상을 축소한다면 그와 반대 입장에 있는 팝이나 하이퍼와 같은 리얼리즘은 대상을 확대한다. 그것은 관념적 또는 이데올로기적 재현의 추상성을 객관적 물리적 형태로 극복하려 하기 때문이다. 이러한 리얼리즘의 정신은 사실주의적 재현의 단순성을 강렬한 묘사적 왜곡의 기법을 통해 뛰어넘으려는 표현주의의 정신과 잘 어울리는 것이기도 하다.

이원의 작품 속에도 이러한 변용된 표현의 양상을 보여주는 예가 얼마든지 있다. 가령,「밥솥과 조직」이라든지「옷걸이와 남방셔츠」, 또는「라면, 스프, 근성」등은 알레고리를 표현하는 전통적 유형의 작품과는 전혀 다른 형태이다.

> 뚜껑을 열기 위해서는 우선, 외부에 두드러지게 노출이 되고 있는 강조 인물과 결탁을 해야 합니다, 그래야만 비로소 문이 열리며 은밀한 안가로, 들어설 수 있습니다 비어 있는 검은 밥솥의, 안가에 미리 준비하고 있던 쌀 부대가 잽싸게, 자리를 차고 들어앉습니다 쌀 부대가 자꾸 들어설수록 현재의 수위를 알려

주는 눈금도 하나씩, 하나씩, 가려집니다 쌀 부대는 가려지는 눈금만큼, 점점 당당해집니다 그 위로 물을, 붓습니다 들어가면서부터 물밑 지원 세력들은 잽싸게 자취를 감추고, 홍보용 선전 부대들만이, 눈금을 물먹이기 시작합니다

위에 인용한 「밥솥과 조직」의 앞부분 일부에서도 드러나는 것처럼, 이 작품은 밥솥을 빌려 오리무중인 권력의 조직과 내부를 가시적 형태로 그려보이고 있다. 이 작품이 우리에게 주는 낯섦은 두 가지이다. 우선 이 작품은 앞서 본 「시간과 비닐 봉지」와 마찬가지로, 우리가 여태까지 한 번도 유의해 관찰한 바가 없는 '밥솥으로 밥을 하는 광경'을 묘사한 작품이라는 점이다. 일견 무의미해 보이는 이런 일상을 조명하고 재현하는 작업을 전통적인 시에서는 보기가 힘들다. 이러한 미시적 관찰과 확대 조명은 일상에 가려진 사물의 형이상학적 신화적 면모를 복원해 새롭게 체험하도록 한다. 그리고 두번째로는, 밥솥과 밥을 하는 과정 위에 권력의 조직 운동을 겹쳐 묘사해놓아, 시적 내용을 알레고리화해놓은 이중적 장치이다. 이 알레고리화 장치가 관념적 형태가 아니라 '밥솥과 밥을 하는 과정'이라는 물리적 연출이라는 점에 우리는 유의해야 한다. 이 점이 바로 비논리적 장치를 통해 말하고자 하는 사실을 현실화하려는 작가의 묘사 중심의 수사적 정신과 연관이 깊은 탓이다.

2 이러한 면모는 다양한 작품의 차용과 변용과 모사에도 그대로 이어진다. 묘사의 정신은 객관화의 모험이

다. 그러므로 그 어떤 차용이나 변용이나 모사라고 하더라도 밑바닥에는 그 정신이 숨쉰다. 이원이 회화적 문체를 즐겨 구사하고 또 그림을 자주 차용하고 모사하는 것도 그런 정신과 전략의 일면으로 볼 수 있다.

그의 시집 속에는 주의해볼 그림이 세 개가 걸려 있다. 이 그림들은 재즈와 대중가요에서 원용하거나 인용한 다른 작품들과 함께 그의 현주소를 간접적으로 드러내는 역할을 하고 있다. 우선, 그림부터 살펴보자. 그의 작품에서 우리는 익숙한 두 편의 회화 작품 제목을 만난다. 밀레의 「만종」, 고갱의 「우리들은 어디서 왔으며, 무엇이며, 어디로 가는가?」가 그것이다. 그러나 다른 한 편은 제목으로 드러나는 것이 아니라 어떤 작품을 그대로 모사하고 있기 때문에 쉽게 발견되지 않는다. 뿐만 아니라 그 작가가 우리에게 잘 알려져 있지도 않다. 로버트 롱고Robert Longo의 「도시인 Men in Cities」이 그것인데, 시집에서는 「넥타이에 끌려가는 사내」라고 되어 있다. 현재 미국에서 활동하고 있는 신표현주의 계열 작가인 롱고의 작품(93년 호암갤러리에서 '미국 포스트모던 대표 작가 4인전'을 하면서 우리나라에도 소개된 바 있다)을 제외한다면, 다른 두 작품은 잘 알려져 있기는 하지만, 그러나 그렇다고 해서 원작을 모사하고 있는 것이 아니므로 그것들도 각각 다른 형태로 드러나고 있다.

이원의 「만종」을 읽고 즉각적으로 밀레의 그것을 떠올리기는 어렵다. 그러나 이 작품이 그 밑바닥에 밀레의 「만종」을 숨기고 있다는 사실은 약간의 시간을 투자하면

알 수 있다. 작품 속에는 어느 구석에도 저녁종(만종)을 떠올리는 구절이 없다. 그럼에도 불구하고 이 작품에는 '만종'이라는 제목이 붙어 있으며, 또한 밀레의 그 그림에서처럼 황혼 속에 한 남자와 한 여자가 마주 보고 서 있다. 이 시와 밀레의 그림과의 공통 요소를 찾아본다면, 앞서 예로 든 황혼과 그 황혼 속에 서 있는 남녀, 이것이 전부이다. 아니, 시인이 "허공의 대지"라고 말하는 하늘까지 포함한다고 해도, 이 세 가지가 공통 요소의 전부이다. 시 작품 어디에도 황혼이 가득 물든 광활한 대지와, 먼 지평선 쪽으로 조그맣게 보이는 마을, 그리고 그림 전면에 그 마을의 교회에서 울려오는 듯한 저녁 종소리에 일하던 손을 잠시 멈추고 비스듬히 마주보고 서서 경건하게 기도하는 농부 부부, 이러한 농경적 요소를 중심으로 펼쳐져 있는 19세기의 전원 풍경은 없다. 밀레의 「만종」을 차용한 달리의 「황혼의 격세유전」과 비교해도 차이는 많다. 달리의 그림은 산업화와 그 역작용으로 대지는 불모지로 변해 있고, 남녀는 뼈만 남은 몸에 옷을 걸쳐입고, 농기구는 대지를 이탈해 허공에 떠 있다. 그러나 중요한 '만종'적 요소가 변형된 채 그대로 남아 있어 제목이 바뀌었지만 두 작품의 상관 관계는 즉각 드러난다. 그렇지만, 아래와 같은 시는 어떤가?

혁신슈퍼 사방의 쇼윈도에 황혼이 밀려
들었다 까만 전깃줄이 허공을 끌고 왔다
몸이 작은 새 한 마리가 허공에 매달렸
다 황혼의 동쪽 쇼윈도 앞에서 한 사내

와 한 여자가 마주 보았다 머리 위에서
낡은 아날로그 시계 하나가 녹아내렸다
퍽퍽 새가 허공의 몸을 두드렸다 허공의
대지인 하늘이 몸을 열었다 하늘의 속도
온통 붉었다 그들의 두 다리는 나란히
바닥에 닿아 있어야 했다 벌써 이 지상
의 세계를 몇 번째 온 가로수가 온몸을
공기 위에 얹고 흔들었다 사내와 여자
곁으로 지평선이 조금 다가왔다 쇼윈도
의 황혼의 동쪽에서였다

 이 작품이 「만종」의 전문이다. 이 시와 위에서 본 두 편의 회화 작품과 근본적인 차이는 '대지'의 있고 없음이다. 즉 시에서는 대지가 사라지고 없다. 대지가 사라지고 그 자리를 차지한 것이 슈퍼이다. 밀레의 그림(1895)과 달리의 그림(1933)에까지도 존재하고 있었던 삶과 생산의 모체(母體)였던 지상의 대지가 죽음(녹아내리는 시계가 그것을 말한다)과 소비의 공간으로 바뀌어 있는 것이다! 당연히 시 속에는 농기구가 사라지고 그 대신 녹아내리고 있는 "낡은 아날로그 시계"만 남녀의 머리 위에 매달려 있다. 그 아날로그 시계는 "녹아내리고" 있으므로 다시는 그들의 머리 위에 매달려 있지도 못할 것이다. 곧, "철, 컥, 철, 컥" 하며, "사물이 없는 텅 빈, 시간"(「철, 컥, 철, 컥」) 속을 가는 디지털 시대가 그곳까지 지배할 것이기 때문이다. 그래서 시인은 대지 위에서 일하는 농부 대신 "허공의 몸"을 파고 있는 한 마리 새를 통하여, 지상이 아닌 하늘에서 "허공의 대지"를 본다. 그곳은 아직도 새들이 슈퍼를 열고 장사를 하고 있지는 않았던 것이다(그러나 그곳까지도 장담할 수 없다! 그의 시 「재크의 콩나무」를 보면, 그 '뿌리'가 하늘 쪽으로 자라고 있다). 그 하늘을 바라보면서 지상에 발을 붙이고 있으려는 사내와 여자 곁으로 '지평선'이 "조금 다가왔을" 것은 당연하다. 어떻게 "허공의 대지"인 하늘이 겨우 바닥(대지가 아니다)에 발을 붙이고 서 있는 그들에게 다가오라고 할 수 있었겠는가? 하늘이 그들에게 지평선을 낮추며 다가가야 하지 않았겠는가? 이곳은 풍요로운 대지 위에 경건한 축복의 저녁 종소리가 들려오는 곳이 아니라, "까만 전깃줄이 허공을 끌고"와 펼쳐놓은 곳이 아닌가(위의 시에서처럼 흔히 등장하고 있는 그의 모나고 건조하고 음울한 사각형 시 형태에 대한 관찰은 뒤로 미루자).

바로 '이곳'이, 어쩌면 그가 '서시'라는 부제가 붙은 「PC」라는 작품에서 말하고 있는 곳이 아닐까? 그는 시집의 맨 앞에 수록되어 있는 이 시에서 이렇게 적고 있다.

'너'가 있어 호흡했던 세월의 공기를 '너'에게 다시 보낸다 내려야 할 곳을 한참 지나와버린 곳까지 끌고 와 헉헉대며 이곳에서 보낸다

만약, 그렇다면, '너'는 누구 또는 무엇이며, "내려야 할 곳"은 어디였을까? 내려야 할 곳이 '집'이었다면, 그 집은 고갱의 유명한 작품 제목을 조금 바꾸어 차용한

「너는 어디에서 왔으며, 무엇이며, 어디로 가는가?」라는 다음과 같은 작품 속에 있다.

> 골목 끝에 집이 있다
> 집이 그늘이다
> 나는 어제의 집에 그늘로 앉는다
> 공기가 육친처럼 불편하다
> 아이들이 그러나 세월처럼 지나간다
>
> 지금
> 시간처럼
> 공기처럼
> 너는

이것이 위의 제목으로 된 시의 전문이다. 그가 제목을 차용한 고갱의 작품은 대작이지만, 그가 쓴 작품은 그렇지는 않다. 그럼에도 불구하고, 이 작품은 그의 세계를 아는 데 매우 중요한 역할을 한다. 김환기가 앞에서 나온 그 고갱의 작품 제목을 차용하여 자신의 작품 세계를 보여주었듯, 그도 별다른 주석 없이, 그 유명한 명제로 나와 너, 그리고 그의 현주소를 밝힌다.

보는 바처럼, 그의 이 '집'은 오늘의 그것이 아니라 "어제의 집"이다. 그래서 그 집은 "골목 끝"에 있고, 또 실체가 아닌 집의 "그늘"로 있기도 하다. 그곳에 가면 '나'도 집의 그늘이 된다. 그리고 그곳은 공기가 "육친처럼" 불편하다. 아, 공기가 육친처럼 불편하다니! 누구에게나 육친이란 피할 수 없는 존재이다. 공기 또한 그렇다. 그러나, 육친이란 다른 한편, 그의 표현 하나를 차용해 말하자면, '나'에게 죽을 때까지 계속 떠오르는 해를 보며 살도록 하는 "동쪽의 죄(밥그릇과 그림자 사이)"를 뒤집어씌운 존재이기도 하다. "빛이 늘어간다. 동쪽의 죄가 늘어간다. 해는 죄에서 떠오른다"라는 그의 말은 조금도 과장된 표현이 아니다. 더더욱 지금 '나'는 어제의 집에 있다. 그러나 그런 사실을 아이들은 알 수 없다. 아이들이란 모래 속에 "막대기를 묻고 막대기를 궁금해"하고, "제 손을 묻고 제 손을 궁금해"(「모래 무덤」)하는, 아직은 그렇게 궁금하게 사는 존재이므로, "세월처럼" 무심하게 지나갈 수 있을 것이다. 그러나, 지금,

    시간처럼
    공기처럼

있는 '너'를 보고 있는 나는 그럴 수 없다. 그러므로 "너가 있어 호흡했던"의 그 '너'는 바로 또 다른 '나'이며, '나'의 근거이며, 동시에 나를 호흡하게 했던 모든 '나'이기도 하다. 단지 존재 형태가 '너'였을 뿐이다. 공기가 "육친처럼" 불편한 것은 "동쪽의 죄"가 계속 떠오르기 때문이며, 그럼에도 불구하고 '나'인 '너'와 '너'인 '나'는 무엇이며, "내릴 곳"이 어디인지 여전히 분명하지 않았기 때문이다. 그런 순간이 나를 뒤돌아보게도 한다. 그 순간의 세계는 「사방의 평화」라든지 「좌향좌 우향우」와 같은 시에 나타나 있다.

아, 그때 나는 왜 허겁지겁 뛰어들어가지 못했을까
동평화
청평화
신평화
사방에서 터져나오는 왁자지껄한 평화 속으로

  그는 위의 시가 말하고 있는 호모 에코노미쿠스(동, 청, 신평화는 평화시장의 구역 이름이다)의 평화나 "칼을 허리에 차고 좌향좌 우향우를 하며" "이 나라의 왕이 되고픈 아이들"(「좌향좌 우향우」)의 시대에도 적응하지 못했다. '나'에게 "내릴 곳"은 그런 곳이었으므로, 내리지 못한 곳이 아니라 내릴 수 없는 곳이었다. 그러므로 그는 떠돌았다. 지금도 그렇다. 집이 없으므로(어제의 집이란 오늘의 집이 아니다) 이 집에서 저 거리로 떠도는 것은 당연하다. 시인이 「엽서」에서 "사각 안을 채우지는 않을 거야/내가 그곳에 있어"라고 하는 것도 그 때문이리라.
  떠도는 삶은 때로 시간을 되돌아보게도 한다. 그 시간은 대부분 그의 표현대로 말하자면 "보도블록처럼 거울 밑에 깔려" 있다. 그 시간은 과거의 것이므로 이미 굳어 길바닥에 깔려 있고 모가 나 있다. 그러나 그럼에도 불구하고 되돌아보는 시간의 창구(窓口)인 거울은 때때로 "추억처럼 둥글고 깊"(「거울」)다. 추억은 오래 물이 고여 있는 호수와 같아서 무겁거나 감추고 싶은 과거를 물 밑의 바닥에 숨기고 있다. 그러므로 되돌아보는 자의 눈에는 햇빛 아래이건 달빛 아래이건 반짝이는 호수의 둘레와 고요한 물만 나타난다. 추억은 스스로 위로하려는 자의 시간이다. 그런 시간의 물결이 일 때, 거울은 "추억처럼" 잠시잠시 모습을 바꾼다. 보고 싶지 않은 것은 숨기고 보고 싶은 것만 골라서 보여주기 위해서이다.

시간은, 그러나, "사람들이 세계를 떠메고 쉴새없이" 달리는 "발자국"(「책」)이다. 그러한 시간이 스스로 위로하는 세계 속에 사람들을 오래 두려 할 까닭이 없다. 더욱,

끝까지 가지 못한 길의 한 모퉁이

에 서 있다, 라고 '서시'라는 부제가 붙은 시에서 말하고 있는 자에게는 더더욱 그렇다. 이 "끝까지 가지 못한 길의 한 모퉁이"는 어디쯤일까. 아마도, 그곳은 「여자와 횡단보도」가 있고, 건너편에는 「드라마」가 있는 건물이 있으며, 길에는 「넥타이에 끌려가는 사내」가 있는 곳이 아닐까?

> 미처 욕망의 끝까지 건너지 못한
> 여자는 횡단보도를 건넌다
> 육체가 실린 환상은 현실이라
> 바닥에 끌릴 듯한 쇼핑 백들을
> 양손으로 추켜올리며 건넌다
> 욕망은 금지의 신호에서 더 빛난다
> 그래도 하늘은 구겨진 곳이 없다
> ——「여자와 횡단보도」

〔……〕 수백 개의 시계는 모두 다른 시간을 가고 있다 뻐꾸기의 발 아래에는 6시 10분 3초의 탁상시계와 5시 55분 57초를 지나는 탁상시계가 나란하다 두 시간의 과거와 현재 사이의 발자국은 끊겨 있다 그 적막 안으로 디지털 시계의 숨이 징처럼 박힌다

——「드라마」

  길을 가는 자는 누구나 횡단보도와 만난다. 그리고 피할 수도 없다. 그러나 횡단보도가 이 길과 저 길 사이에 있는 욕망의 저울이라는 사실을 알기는 쉽지 않다. 그곳에는 저울의 눈금 표시가 없기 때문이다. 시인은 "끝까지 가지 못한 길"의 한 모퉁이에서 건너편을 살피다가 문득 그 사실을 발견한다. 그에게도 "욕망은 금지의 신호에서 더 빛"나고 있었던 것이다. "육체가 실린 환상은 현실"이라든지 "욕망은 금지의 신호에서 더 빛난다"는 그의 전언은, 그 순간, 욕망의 속성을 얼마나 잘 보았는가를 말하고 있다. 우리들도 "바닥에 끌릴 듯한 쇼핑 백들"이 횡단보도에서 자주 끌리고 터져 쏟아지는 것을 본 일은 있지 않은가. 그러나 그를 더 당황하게 한 것은 욕망 그 자체보다는, 욕망을 생산하는 시간을 사람들이 각각 제멋대로 만들어내고 있다는 사실로 보인다. 만약 그렇다면, 시인의 말대로 시간이란 "사람들이 세계를 떠매고 쉴새없이 달리"는 것이라면, 제멋대로 만든 시간에 각각 의지하는 세계란 얼마나 위험한 우주인가. 더욱, 지금은 "과거와 현재 사이의 발자국은 끊겨 있는" 디지

털의 세계이다! 그러니까, 누군가가 그 자리에 있었다고 하더라도, 그곳에서는 우리들을 점령하는 "디지털 시계의 숨"소리가 "징처럼" 그의 귀를 뒤흔들었을 것이다.

그 순간에, 그는 다음과 같은 로버트 롱고의 한 사내를 본 것이다.

> 순간, 지상의 전면을 향해 마악, 한 발자국을 내디디려던 사내, 세계의 중심을 잃은 그, 사내의 목을 세계의 배후가 잽싸게, 잡아당긴다 그의 뒤틀리는 목을 따라 넥타이의 한쪽, 끝이 바나나처럼 허공 속에 꼿꼿하게 선다 (중심이 무너지면 무너진 그곳이 중심이 되나니 구겨진 허공에 박힌 넥타이는 여전히 단단하다) 그 사내의, 왼쪽 다리가 뒤로 물러서며 발꿈치가, 들리고 (발은 현실에서 떨어지고) 앞을 향해 내딛던 오른쪽 다리는, 무릎 안쪽을 향해 휘어진다 (모든 굴절은 한 순간이니) 현실의, 무릎과 무릎 사이는 결코, 닿지 않아도 그림자의 무릎은, 하나로 붙어 있다 (그림자의 관념성이여) 그런 사내의 뒤에서 강물이 물 밑을 파고, 물 위에는 허공의 길인 다리가 떠 있고 (기어이 육체를 얻은) 넘어질 듯, 넘어질 듯 그 사내는 넥타이를 따라 허공으로 끌려 올라가고――무방비의 지상을 햄버거 냄새가 밤꽃처럼 뒤덮고

롱고의 '한 사내'라는 표현은 그의 「도시인」 시리즈에 나오는 한 사내를 그대로 '모사'하고 있다는 나의 주장을 분명히하려는 의도이다. 이 모사에서 그가 일차적으

로 의식을 드러내는 방법은 고전적 재현 방법을 벗어나 있는 '묘사적 진술'이다. 즉, "사내의 목을 세계의 배후가 잽싸게 잡아당긴다"라든지 "구겨진 허공에 박힌 넥타이는 여전히 단단하다"라든지 하는, 해석을 시각화하고 있는 표현이 그것이다. 그는 그 묘사적 진술을 통해 대상을 시각적으로 구상화하면서, 그 시각적 이미지의 배후를 다양한 해석적 진술로 채색(이 방법은 그의 특유의 서술법인데, 작품에서는 여러 형태로 나타난다. 여기서는 괄호 속에 넣어두고 있다)하여, 롱고의 세계를 벗어나서, 자신의 의식을 강조한다.

많은 신표현주의자들이 모사를 중시하는 것은, 물론, 그들이 말하고 싶은 점을 그것들이 방해하지 않고, 아니 보다 효과적으로 표현해주리라는 확신 아래 이루어지는 작업이다. 이원이 롱고의 한 사내를 모사하는 것도 마찬가지이다. 그는 "중심이 무너지면 무너진 그곳이 중심이 된다"는 점을 어떻든 구상적으로 보여주고 싶었을 것이다. 그러나 그가 그리고 있듯, "무너진 그곳이 중심"인 곳에서는 "발꿈치"가 들리고 "발은 현실에서 떨어"진다! 그래도 "현실의 무릎과 무릎 사이"는 닿지 않아도 "그림자의 무릎"은 붙어 있는 것(그것이 그림자의 관념성이라고 시인은 적고 있다)과 마찬가지로, 그의 주장에 관념적인 것이 끼어 있음을 그 자신도 알고 있다. 중심이 없는 곳에서는 모든 것이 중심의 현실이고 모든 것이 중심의 관념이기 때문이다. 그래서 그 세계는 다원(多元)이지만, 그 세계의 땅을 딛고 사는 자는 다리가 "들리고," "휘어지고" 무릎과 무릎 사이는 "닿지 않"는다. 그것 때문에 그는 작품 끝에서까지 "넘어질 듯 그 사내는 넥타이를 따라 '허공'으로 끌려" 올라간다고 말해두고 있다. 그 사내가 서 있는 그곳은 분명 아직 허공이 중심이기 때문이다.

3 이쯤에서, 앞에서 뒤로 미루어놓았던 쉼표(,)와 사각형 시 형태를 잠시 살펴보자. 「넥타이에 끌려가는 사내」에도 예의 그 쉼표가 나타나 있다. 시구의 여기저기에 불규칙하게 찍혀 있는 이 쉼표는, 그가 그의 시 밑바닥에 구조적으로 설치해놓은 리듬의 한 형태이다. 그러니까 일종의 숨겨진 행갈이인 셈이다. 이 형태는, 위의 시에서도 그렇고 많은 그의 작품에서도 그렇게 되어 있지만, 전문이 사각형 형태의 산문적 구조로 이루어진 시의 건조하고 규칙적인 리듬을 파괴한다. 그 파괴는 극단적이어서 충격을 준다. 그 충격적 리듬을 형성하는 것이 바로 시인이 노리고 있는 점이다. 그는 안정과 불안정, 규칙과 돌발성을 동시에 오가며 묘사시의 시각적 이미지의 단조로움을 흔들어놓고 있는 것이다. 즉 그가 불규칙한 화음과 즉흥적인 변주의 반복을 통해 얻고 있는 재즈 특유의 리듬을 시 속에서 얻으려는 의도로 읽힌다는 것이다. 다음의 시를 보라.

…………오전 8시 50분 문예회관 대극장 뒷골목 곳곳의 벽에 연극 포스터가 다닥다닥하다 알몸의 사진 비명처럼 공기와 부딪치다………… 오전 10시 30분 연세대학교 교문 양옆에서 토플 강좌와 5·18 특별법

현수막이 팽팽하게 펄럭이다 단단한 철대문 속에서 결
핍으로 입구는 어디서나 하나로 열리다⋯⋯⋯⋯⋯⋯

일렬로 진열되어 있는 구두 속은 천민자본주의처럼 모
두 비어 있다 주인이 긴 부츠를 뒤집어보인다⋯⋯정
복당해버린 지구에서⋯⋯그들이 네게 시키는 대로 움
직여야 해 끌려다녀야 하는데⋯⋯고여 있던 서태지와
아이들의 4집 수록곡 1996 그들이 지구를 지배했을 때
가 터져나온다 주인이 서둘러 부츠를 제자리에 놓는다
비어 있음의 무거움, 空卽是色이다

  위의 인용은 각각 「95. 10. 4일의 스윙」과 「이치와 사물에 걸림이 없다?」의 일부이다. 제목에서도 나타나 있지만, '스윙'이란 재즈 기법의 하나이지만, 동시에 재즈의 본질에 가장 가까운 것이기도 하다. 그것은 반복되는 긴장과 완화의 극적 리듬에서 환희를 창출해내는 것이기 때문이다. 이 기법을 시인은, 현실(긴장) — 해석(완화) — 휴지를 반복하는 시적 구조를 조직하여 만들어내고 있다. 즉 "오전 8시~포스터가 다닥다닥하다"(현실) — "알몸의 사진~공기와 부딪치다"(해석) — 휴지(⋯⋯), "오전 10시~펄럭이다(현실) — 단단한 철대문~열리다"(해석) — 휴지"(⋯⋯)와 같은 구조의 연속이다. 「이치와 사물에 걸림이 없다?」는 그러한 구조 속에 '서태지와 아이들'의 노래 가사를 삽입하여 리듬에 변주를 줌과 동시에, 현실과 노래 가사를 대비시켜 시적 내용을 강화하고 있다.
  이러한 구조는 외형적으로 대부분 사각형(四角型)으로

되어 있는 그의 시 형태(그렇기 때문에 그의 산문시 형태로 된 시행의 시작 부분은 모두 첫 글자가 뒤로 한 글자 밀려들어가 있지 않다)와 어울려 독특한 당대적 리듬을 이룬다. 사각형은 모지고, 건조하고, 또 단단하다. 그리고 한편으로는 음울하다. 시 속의 사각형은 그 자체로 도시적 건물이나 공간의 형태를 강조하면서, 다른 한편 거울이나 그림을 만나면 그것의 외각을 이루는 액자나 테의 모습을 하기도 하고 있다. 그러나 그 속에는 쉼표라는 균열이 내재해 있다. 그러한 사각과 균열을 통해, 그는 흐르는 리듬을 통어한다. 그러므로 그 리듬은 한편으로는 이질적이고 한편으로는 도시적이며 한편으로는 당대적이라는 느낌을 주기도 한다. 그러나, 동시에 당대의 지각을 뚫고 올라오는 불안한 변화의 징후(작품의 공간을 파고드는 그 불규칙한 균열들!)를 일깨운다. 허공에서 이 시대의 중심을 보는 그의 시각 때문만이라고 이야기하기에는 우리 시대가 너무 '가득해서 텅 비어' 있지 않은가?

4 어째서 그는 이렇게, 이런 길 위에 서 있게 된 것일까?「발자국은 신발을 닮았다」는 이에 대해 많은 시사를 남긴다. 이 시(이하 이 장에서 인용 표시가 없는 것은 이 작품이다)에서 그는 자신이 신고 다니는 신발을 내려다보며 이렇게 중얼거린다.

〔……〕 꾹꾹
몸이 걸었으므로 길이 되어버린
마음이 우글우글하다

그는 이렇게 "꾹꾹" 몸을 앞세운다. 그것은 그가 관념적으로 세계를 보고 있지 않다는 사실을 직접 몸으로 강조하는 대목이기도 하다. 몸은 감각하지 판단하지 않는다. 몸은 선택하지 추론하지 않는다. 몸은 관념이 아니라 실재이며 실재는 언제나 논리보다 앞서 있기 때문이다. 그리고 또한 모든 실재하는 몸은 무게를 가지고 있다. 그러므로, 몸이 "꾹꾹" 걸었다는 말은 단순한 스사일 수가 없다. 더욱 그는 "세상은 뼈와 살이 다져진 곳"(「모래 무덤」)이라고 그의 시에서 말하고 있기도 하다. 그의 '몸'은 '세상'과 동격이다(그렇기에, 그는 "저물녘이다"라고 적고는, "이 말에 왜 몸을 식물처럼 가지런히 담고 있고 싶은 것일까"라고 「몸과 공기」에서 말하고 있기도 하다). 그 몸은 원천적으로 가볍게 걸을 수 없는 존재이다. 그 몸에 알맞은 걸음걸이는 "꾹꾹"이다. 그래서 그는 그 몸으로 "꾹꾹" 걷고, 그 몸이 지나간 자리에는 '길'이란 사물의 형상으로 마음이 남는다.

  그러나 그는 몸을 앞세우고 있을 뿐이라고 말해야 한다. 그것은 그가 몸과 함께 마음을 길이라는 사물의 형상으로 구상화해서 같이 보고 있기도 하고, 세상을 "뼈와 살"이 다져진 것으로 보기도 하는 것에서 시사를 받을 수 있다. 그 "뼈와 살"은 각각 다른 인식의 층위인데도 그는 나란히 놓는다. 들뢰즈의 말을 잠깐 인용해 말해본다면, 구체적 형상을 드러내는 "감각은 살의 시스템인 신경 시스템 위에 직접 작용"하고, "추상적 형태는 두뇌의 중개에 의하여 움직이기 때문에 뼈에 훨씬" 가깝기 때문이다. 다르게 말을 해본다면 그의 몸은 언제나 사실적으로 감각하고, 두뇌의 중개를 받는 그의 마음은 '뼈'의 형상을 한 '길'이 되어 세계의 살을 파고들어 숨어 있기도 하고 밖으로 다른 형상을 하고 나타나 있기도 하는 것이다.

그런 형상 가운데 그가 주목하고 있는 것은 "길은 그물이다"(「길 또는 그물」)라는 시구에서 보는 바와 같은 '그물'로서의 길이다. 그 길은 "몸을 가진 것들은 걸린다"라든지 "걸려본 발이 길을 알리라"라는 표현에서 알 수 있는 것처럼, 그 존재를 지하가 아닌 지상에 두고 있다. 그러니까 그것은 일차적으로 "우글우글" 세계를 가득 덮고 있는 그물이다. 그러므로 그 길은 몸을 가진 것들이 세계 밖으로 나가는 통로를 차단한다. 그래서 "몸을 가진 것들"은 걸려 그 속에 있을 수밖에 없다. "몸을 가진 것들"은 '세계 안의 존재'인 것이다! 그래서 그는 시에서 "한 발을 살짝 문밖으로 내"밀면 "덥석 세계의 입이 닫힌다"고 해놓고 있다. "문밖으로" 발을 내미는 것을 그물의 세계가 허용하고 있지 않은 것이다. 그것을 그는 "걸려본 발"이 안다고 적고 있다. 우리의 몸이 우리가 '세계 안의 존재'라는 사실은 먼저 알고 있다는 것을 이것보다 더 잘 표현할 수 있을까?

그러나 더 흥미로운 것은, 세계를 "우글우글" 하얗게 덮으면서 "몸을 가진 것들"을 가두고 있는 그 그물이 다름 아닌 "꾹꾹 몸이 걸었으므로" 생긴 길들, 즉 우리들 마음의 뼈들이라는 점이다. 우리를 세계 속에 가두는 것이 바로 우리들 마음(의식)이라니! 그 역설적인 사실을 보는 순간 "몸이 뻣뻣해"지는 것은 당연하지 않겠는가. 이 역설의 순간을 시인은, 앞서 인용한 시구에 이어, 인용에서 보는 바처럼, 이렇게 기록한다.

〔……〕꾹꾹
몸이 걸었으므로 길이 되어버린
마음이 우글우글하다
신발을 굽어보던 빈 몸이
뻣뻣해 벽에 몸을 기댄다
길이 되지 못한 벽이 움찔거려
기댄 벽이 무겁다

역설적인 사실을 발견하고 뻣뻣해진 몸이 기댄 벽, 그러나 그 벽은 "길이 되지 못한" 그 무엇이다. 그러므로 그것은 그물처럼 투명해진 존재가 되어 '몸을 가진 것들'에게 끊임없이 실존적 물음을 제기하도록 하지도 못하는, 불투명한 마음(관념의 응어리)일 수밖에 없으며, 몸을 가진 것들의 어깨를 더욱 무겁게까지 한다. 그래서 시인은 "기댄 벽이 무겁다"고 말한다. 그것조차 어깨에 져야 하는 짐인 탓이다.

그러나 짐은 그것만이 아니다. 그 내용이 무엇인지를 시인은 「밥그릇과 그림자 사이」에 간략하게 기록해두고 있다. 즉 "집안 곳곳에 올려져 있거나 쌓여져 있는 상자와 보따리들"까지도 "이고 강을 건너야" 하는 짐인 것이다. 문제는 그것을 이고 '물'이 흐르는 강을 건너야 하는 데 있다. 물이 실존을 가능하게 하기 때문이다. 그러나

이 '물'을 만나면 "내용물은 솜"인 그 모든 것들이 바로 실존의 무게가 된다!

그런 사실을 알면서 강을 건너야 하는 것이 또한 실존이다. 그래서 이 실존의 몸(발)을 가지지 못한 "구두 속은 천민자본주의처럼 모두 비어" 있다. 그것 때문에 "주인은 서둘러 부츠를 제자리에" 놓는다. "비어 있음의 무거움"(「이치와 사물에 걸림이 없다?」)이 주인의 어깨를 짓누르기 때문이다. 이때 '주인'은 한 상품의 구매자를 갖지 못한 (심리적으로 텅 비어서 오히려 무거운) 상업적 주체인 동시에, 다른 한편 '비어 있음의 무거움'의 그 실체를 아는 인간적 주체이다. 그래서 시인은 "주인은 서둘러 부츠를 제자리에 놓는다 비어 있음의 무거움"이라고 서술한 다음, 그 점을 확인시키려는 듯 연이어 "공즉시색(空卽是色)이다"라고 적는다. 세계에는 무겁지 않은 것이 없다. 아니, 세계에는 무거운 것이 따로 없다. 그러니까 가벼운 것도 따로 없는 것이다. 그런 사실을 시인은 간접적으로 말하고 싶은 것처럼 "세계의 어디서나 출입구는 입과 항문처럼 뚫려 있다"고 말한다. 아니다, 이는 문밖의 세계로 신발을 신고 언제나 나서야 하는 자신에게 세계는 출구와 입구가 따로 있지 않다는 점을 새삼 강조하는 작업이다.

그러나 그를 더욱 참담하게 하는 것은 그의 실존을 증거해주어야 할 자신의 발자국이 발을 닮지 않고 "신발을 닮았다"는 사실이다! 우리는 언어로 몸의 형상이요 마음의 뼈인 길에 찍힌 발자국을 기록한다. 그러나 그 발자국은 결코 몸(발)을 닮지 않고 몸(발)의 기호인 '신발'을

국은 결코 몸(발)을 닮지 않고 몸(발)의 기호인 '신발'을 닮는다. 그는 사물의 표면에만 붙어 언제나 미끈거리기만 하는 그 기호인 신발의 속을 세계와 마찬가지로 "아득하고 둥글다"고 말하면서(이 표현 속에는 부정과 긍정이 함께 숨쉰다), 그럼에도 불구하고, "문밖"으로 몸을 내밀기 위해 다시 "단단한 바닥"을 골라 디디며 "현실의 발"을 그 속에 집어넣는다. "덥썩 세계의 입이 닫힌" 그 세계에 더 깊이 들어가기 위해서. 그러고는 「공기에게」에서 이렇게 말한다.

    조금만 더 안으로 밀고
    들어와줄 수는 없겠니
    들어와 숨막히게 아니 몸막히게

공기가 필요한 사람만이 이 절망적 갈구를 안다.

  5 이 시집에 수록된 작품 가운데 「거리에서」는 조금은 이색적이다. 이색적이라는 표현은 그의 다른 시들이 이렇게 초현실주의적 수사(표현주의적 수사의 한 극단은 초현실주의와 만난다) 또는 적극적인 표현주의적 과장("내 몸의 사방에 플러그가 빠져나와 있다"는 표현은 그가 기본적으로 선택하고 있는 사실적 묘사법을 기초로 하는 기법을 크게 벗어나고 있다)을 잘 하지 않기 때문이다. 그러나, 그럼에도 불구하고 그가 지금 서 있는 거리의 삶이, 마치 어떤 저주처럼, 잘 나타나 있다. "세계와의 불화가 에너지인 사람들"에게는 이 세계에 살아남기 위해

서는, 전력(에너지)은 많으면 많을수록 좋다. 그렇다면, 그들이 사는 거리를 그린다면 어떻게 되겠는가?

> 내 몸의 사방에 플러그가
> 빠져나와 있다
> 탯줄 같은 그 플러그들을 매단 채
> 문을 열고 밖으로 나온다
> 비린 공기가
> 플러그 끝에 주렁주렁 매달려 있다
> 곳곳에서 사람들이
> 몸 밖에 플러그를 덜렁거리며 걸어간다
> 세계와의 불화가 에너지인 사람들
> 사이로 공기를 덧입은 돌들이
> 둥둥 떠다닌다

모쪼록, "문을 열고 밖으로 나와야" 한다면, 어차피 시인처럼 끝까지 길거리로 나와야 할 운명이라면, 숨을 쉴 때는 "공기를 덧입은 돌들"을 조심하라는 그의 메시지를 반드시 기억하시기를. 이 시는 우리 시대를 말하는 뛰어난 타블로tableaux이다.